EL ARTE DE LA
ESPIRITUALIDAD
PRÁCTICA

EL ARTE DE LA
ESPIRITUALIDAD PRÁCTICA

*Cómo vivir todos los días con más pasión,
creatividad y equilibrio*

Elizabeth Clare Prophet
y Patricia R. Spadaro

SUMMIT UNIVERSITY PRESS ESPAÑOL®
Gardiner (Montana)

EL ARTE DE LA ESPIRITUALIDAD PRÁCTICA
*Cómo vivir todos los días con más pasión,
creatividad y equilibrio*
de Elizabeth Clare Prophet y Patricia R. Spadaro
Edición en español © 2024 The Summit Lighthouse, Inc.
Todos los derechos reservados.

Título original:
THE ART OF PRACTICAL SPIRITUALITY
*How to Bring More Passion, Creativity
and Balance into Everyday Life*

Para obtener más información:
The Summit Lighthouse, 63 Summit Way,
Gardiner, MT 59030 USA
1-800-245-5445 / +1 406-848-9500
TSLinfo@TSL.org
SummitLighthouse.org

Library of Congress Control Number: 2024944344
(Número de control de la Biblioteca del Congreso: 2024944344)
ISBN: 978-1-60988-488-8
ISBN: 978-1-60988-489-5 (libro digital)

SUMMIT UNIVERSITY 🐚 PRESS ESPAÑOL®

Índice

Espiritualidad cotidiana

«¿Qué es el sendero?»,
se le preguntó al maestro zen Nan-sen.
«La vida cotidiana es el sendero», fue su respuesta.

En algún momento u otro todos hemos tenido una experiencia espiritual suprema, hayámosla llamado así o no. Quizá fuera un intenso sentimiento de paz interior o una comunión profunda con la naturaleza. Quizá tuviera lugar durante una larga caminata en las montañas o cuando te enamoraste por primera vez. Pero ese sentimiento, fuera lo que fuera, no duró lo suficiente y te quedaste pensando en cómo recuperarlo.

¿Cómo se mantiene la paz interior? ¿Cómo dar a nuestras relaciones, a nuestra familia y a nuestro trabajo una chispa espiritual? ¿Cómo se emplean los recursos interiores para lidiar con el estrés y superar los bloqueos que nos impiden ser creativos? ¿Qué hay que hacer para que nuestra espiritualidad tenga una aplicación práctica?

Llevo practicando el arte de la espiritualidad práctica toda mi vida. No recuerdo ningún momento en el que no caminara o hablara con Dios. De niña, mi búsqueda espiritual me llevó a las iglesias y sinagogas de mi ciudad natal. Después emprendí el estudio de las religiones del mundo.

Finalmente, mi búsqueda espiritual me condujo a los pies de las grandes luminarias conocidas como Maestros Ascendidos, los santos y adeptos surgidos de las tradiciones espirituales de Oriente y Occidente. Estos iluminados han cumplido su razón de ser y han «ascendido»: se han unido a Dios. Todos ellos tienen algo único y especial que enseñarnos sobre el arte de la espiritualidad práctica.

No creo que haya ninguna persona o tradición espiritual que tenga la supremacía de la espiritualidad, sino que podemos aprender algo de todas ellas. Tal y como hay muchas maneras de escalar una montaña, muchas son las formas que hay de subir a la cumbre del ser. Cada sendero te da una perspectiva distinta de esa cumbre, una manera nueva de comprender quién es Dios y quién eres tú.

Escalamos esa montaña cada día, no solo cuando dedicamos tiempo a meditar en las montañas o a mirar una bella puesta de sol. La espiritualidad es un asunto cotidiano.

Una relación de trabajo con el Espíritu

¿Qué significa tener una vida espiritual y qué es la espiritualidad? La palabra *espíritu* proviene del latín *spíritus*, que significa «aliento», «aliento de un dios», «inspiración». La espiritualidad es para el alma lo que el aliento de la vida es para un recién nacido. La espiritualidad te llena de vida. Te da paz y un propósito. Te da el poder de amar y alimentar a los demás y amar y alimentarte a ti mismo.

La espiritualidad significa ser capaz de mantener una relación de trabajo con el Espíritu. No importa si a esa fuente espiritual la llamas Cristo o Buda, el Tao o Brahmán. Todos podemos entrar en contacto y mantenernos en contacto con el poder universal del Espíritu si nos esforzamos por tener esa relación, haciendo esa conexión todos los días.

Cuando hablamos de espiritualidad práctica en realidad nos referimos a una dotación de poder espiritual, el poder de transformarnos a nosotros mismos y al mundo que nos rodea. El primer paso para poseer esa dotación de poder espiritual consiste en comprender: *¿Quién soy y por qué estoy aquí? ¿A dónde me dirijo y cómo puedo llegar a ese punto?*

¿Quién soy?

Si eres un ser espiritual, un hijo de Dios revestido de una forma y personalidad humana. Tienes una naturaleza divina y una parte de Dios reside en lo más profundo de ti. Esa es tu fuente personal de poder.

La tradición hindú describe con misterio a este espíritu interior como «el Yo más interior, no más grande que el pulgar», que «vive en el corazón». Los budistas llaman a esto la naturaleza de Buda. Los judíos místicos lo denominan *neshamah*. El teólogo y místico cristiano del siglo XIV Meister Eckhart afirmó que «la semilla de Dios está dentro de nosotros». Existe una parte de nosotros, escribió, que «permanece eternamente en el Espíritu y es divina... Ahí Dios brilla y arde sin cesar».

Aunque sus puntos de vista son distintos, todos estos senderos místicos describen la llama espiritual, la chispa divina que late en los recovecos interiores de tu corazón. Algunas personas que me han escuchado enseñar este concepto a lo largo de los años han tenido dificultad en aceptar que una parte de Dios vive dentro de ellas. Eso se debe a que, de niños, a muchos de nosotros nos enseñaron a buscar fuera de nosotros mismos la soluciones a los problemas de la vida, en vez de acceder al poder espiritual del interior para afrontar esos desafíos.

A mí me gusta como lo explicaban los antiguos. Tanto los budistas como los cristianos primitivos, conocidos como gnósticos,[1] utilizaron la imagen del «oro en el lodo» para ayudar a la gente a entender su esencia espiritual. Decían que el oro de nuestro espíritu podía estar cubierto por el lodo del mundo, pero el lodo nunca destruye a ese espíritu innato.

Es decir, las dificultades que hayas atravesado no tienen importancia. No importa cuánto lodo haya salpicado a tu espíritu y formado tu personalidad exterior cuando has pasado fatigosamente por las trincheras de la vida. No importa qué digan de ti otras personas. Dentro de ti sigues teniendo una chispa de Dios hermosa y eterna.

Además de la chispa divina, otro componente de tu realidad es tu Yo Superior. Tu Yo Superior es el yo interior, sabio, tu principal ángel de la guarda, tu amigo más querido. Jesús descubrió al Yo Superior como «el Cristo» y Gautama lo descubrió como «el Buda»; y así, ese Yo Superior también se llama Cristo interior (o Ser Crístico) y Buda interior. Los místicos cristianos a veces lo denominan hombre interior del corazón o Luz Interior.

Tu Yo Superior es tu instructor interior cuya voz queda te habla desde dentro, avisándote de algún peligro, enseñándote, llamándote a que vuelvas al punto de tu realidad divina. Tu Yo Superior siempre te dará una guía inequívoca si te tomas el tiempo para sintonizarte con esa voz. Como dijo una vez Mahatma Gandhi: «El único tirano que acepto en este mundo es la "voz queda" del interior».

¿Por qué estoy aquí y a dónde me dirijo?

La meta de todos nosotros consiste en ser, aquí en la Tierra, el reflejo de nuestro Yo Superior; manifestar todo el potencial inherente a nuestro yo espiritual. Esto es lo que hizo Gautama y por eso lo llaman el «Buda» (que significa «el despierto»). Esto mismo hizo Jesús y por ello lo llaman el «Cristo» (que significa «ungido»), el ungido con la luz del Yo Superior. Puesto que Jesús encarnó completamente a su Yo Superior, el apóstol Pablo dijo: «En él habita corporalmente toda la plenitud de la Deidad».

El Buda Gautama, Jesús y todos los Maestros Ascendidos nos dicen que nosotros también podemos realizar plenamente todo nuestro potencial espiritual. ¿Cómo? Comprendiendo nuestra parte espiritual, accediendo a ella y desarrollándola. Liberando nuestra grandeza interior para poder realizar la vocación más grande de nuestra alma y ayudar a otras personas a hacer lo mismo.

Todos tenemos momentos en los que nos sentimos conectados con nuestro Yo Superior, cuando somos creativos y sensibles, compasivos y atentos, amantes y alegres. Pero hay otros momentos en los que nos sentimos desincronizados con nuestro Yo Superior, momentos cuando nos enojamos, nos deprimimos o nos perdemos. El sendero espiritual consiste en aprender a mantener la conexión con nuestra parte superior para poder dar nuestra mayor contribución a la humanidad.

¿Cómo puedo llegar a ese punto?

Paso a paso tu alma va aprendiendo a acceder a su poder interior a fin de cumplir un destino que es tuyo y que es especial. Esto no se produce de repente, sino que se va dando poco a poco, cada día. La espiritualidad es un proceso, un sendero. Este sendero no solo lo recorremos, sino que a veces lo vamos creando sobre la marcha. Y lo que importa no es solo *qué* hagamos durante este viaje, sino *cómo* lo hagamos.

Durante el recorrido de tu sendero para cumplir tu destino, ¿das a tus acciones y a todas tus relaciones (en casa, en el trabajo, en tus juegos) esa cualidad especial del corazón que solo tú puedes dar? ¿Eres capaz de permanecer en conexión con esa parte espiritual de ti mismo? ¿Eres capaz de bañarte con profundidad en tu naturaleza divina para elevar a las personas con las que te relacionas? Este es el arte fino de la espiritualidad práctica. «Afectar la cualidad del día —dijo Thoreau— ese es el arte más grande».

A un nivel muy práctico, la gente a menudo me pregunta: ¿Cómo puedo manejar las tensiones de la vida diaria y mantener mi sintonización espiritual? ¿Cómo puedo ser espiritual cuando mi computadora acaba de bloquearse, por quinta vez hoy; o cuando tengo que quedarme a trabajar hasta tarde otra vez y mi hijo de siete años me espera para su partido de fútbol; o cuando me acabo de enterar de que la dirección de la empresa está haciendo recortes de personal? ¿Cómo puedo encontrar la paz interior con tanta confusión a mi alrededor?

No es fácil. Pero existen soluciones espirituales prácticas para afrontar las dificultades de hoy en día. Hay mapas que pueden servirnos para navegar por los mares revueltos y los angostos estrechos de la vida. De esto trata el resto de este libro.

Las claves de la espiritualidad práctica que constan en las siguientes páginas están recogidas de la sabiduría antigua de las tradiciones espirituales del mundo, así como de la experiencia práctica. Estas claves me han ayudado a mí y a muchas otras personas al aplicarse a las dificultades de la vida diaria. Lo que comparto aquí es fundamental, pero de ningún modo exhaustivo. Hay mucho más que podría decirse, y cada clave podría ser el tema de un libro. De hecho, esto es solamente el principio. El final, al fin y al cabo, depende de nosotros.

1

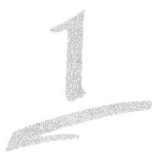

Descubre la pasión fundamental de tu alma y conviértela en una misión

Cada hombre tiene su vocación…
Existe una dirección en la que
se le abre todo el espacio.

RALPH WALDO EMERSON

Naciste con un propósito especial que cumplir en la Tierra. Esto quiere decir que hay algo que solo tú has de hacer; y a menos que lo hagas por tus seres queridos o para beneficiar a la humanidad, nadie más lo hará.

Muchos de nosotros no tenemos la más mínima idea de cuál es nuestra misión, ni siquiera que tenemos una misión. Para encontrarla, empieza preguntándote: *¿Qué me apasiona de verdad?* *¿Qué es aquello que me encanta hacer y que motiva para vivir? Simplemente, ¿qué me hace feliz?*

Un dicho jasídico aconseja esto: «Todos deben observar minuciosamente en qué dirección los lleva su corazón y después escoger esa dirección con todas sus fuerzas». Sabrás cuál es tu pasión porque tu pasión hace que tu corazón cante. Es aquello que hace que te levantes de la cama por la mañana. Cuando hablas de ello, te animas, te llenas de energía y de vida.

No obstante, eso no significa que practicar tu pasión sea siempre fácil. Tu pasión puede sentirse como una agonía y como un éxtasis. Para empezar, puede que debas eludir las estridentes voces que tratarán con todas sus fuerzas ahogar la voz de tu alma.

T. S. Eliot una vez dio a sus estudiantes este consejo: «Penséis lo que penséis, aseguraos de que sea lo que vosotros pensáis... Mal está pensar y querer las cosas que vuestros mayores quieren que penséis y queráis, pero aún peor es pensar y querer lo mismo que todos vuestros contemporáneos». Y Bertrand Russell bromeó: «Uno debería respetar la opinión pública en la medida en que sea necesario para evitar la inanición y no ir a la cárcel».

Otro motivo por el que no siempre es fácil seguir la pasión de uno es que ello requiere mucho trabajo. Nuestra vocación es el crisol en el que forjamos nuestra verdadera identidad. Es el laboratorio donde, como alquimistas del espíritu, aprendemos a transformar los metales base de nuestra naturaleza en el oro de nuestro yo más grande. Este trabajo del alma es una labor sagrada que emprendemos no solo por nosotros, sino por los demás. Lo que surja de ello será un don que podremos poner sobre el altar de la humanidad.

> *Ojalá vivas todos los días de tu vida.*
>
> JONATHAN SWIFT

Si no aceptamos el desafío, si decidimos tomar el camino fácil (porque es más cómodo o lucrativo), habremos traicionado a nuestra alma. Porque el alma, como observó una vez Jim Lehrer, «debe alimentarse junto a la cuenta bancaria y el currículum vitae».

A veces tenemos obligaciones con los demás que nos impiden que hagamos al máximo lo que nos apasiona. Algunas obligaciones pueden tener su origen en nuestro karma.[2] Por ejemplo, las circunstancias pueden exigir que, por algún motivo, debas cuidar de un hijo, de un padre o una madre enferma o sustentar a alguien a expensas de tus deseos.

Siempre es importante cuidar de las obligaciones kármicas, pero una vez pagadas esas «deudas» espirituales, te sentirás mucho más ligero y tu alma será libre de perseguir su vocación más grande. La mejor manera de liberarte de una circunstancia kármica que te limita es entregarte a ella por completo y con alegría para cumplir con esa obligación, llevarla a cabo y seguir adelante.

Otro principio para recordar es que tu misión no equivale necesariamente a tu trabajo. Es magnífico poder dar forma a tu pasión y convertirla en una carrera profesional, pero tu misión no tiene por qué ser aquello a lo que te dedicas para ganarte la vida. Puede ser algo que hagas después del trabajo, como componer música, trabajar con niños desfavorecidos o cuidar de animales.

De hecho, tu misión podría no ser para nada lo que hagas, sino lo que *eres*. Tu misión podría consistir en aportar a tus interacciones con los demás, a tus relaciones, a todo lo que haces, una cualidad espiritual especial (amor, compasión, paciencia, honradez) de modo que tu vida sea un ejemplo para los demás.

Por ejemplo, la vocación de la Madre Teresa y las Misioneras de la Caridad era servir a los más pobres de los pobres y vivir entre ellos; pero era más que eso. Su misión era ser amor en acción. «Debemos llevar el amor de Dios a la gente con nuestro servicio», dijo una vez la Madre Teresa. «No hacemos grandes cosas, sino pequeñas cosas con gran amor».

El Maestro Ascendido El Morya, conocido por sus estudiantes de Teosofía como el Maestro M., dice que nuestra misión implica el perfeccionamiento de los talentos que Dios ha puesto en nuestra alma. Dios te ha dado ciertos talentos para que puedas compartir tu parte más elevada y pura con los demás. «El propósito de la vida —dice El Morya— es encontrar a Dios; en vosotros, en vuestros talentos, en vuestra vocación y vuestra labor sagrada. Es dotar todo lo que hagáis de su Espíritu».

En el clásico espiritual más popular de la

India, el Bhagavad Gita, el héroe Krishna aconseja a su discípulo y amigo Arjuna que cumpla su *dharma*, el plan divino de su alma. Nuestro dharma es nuestra razón de ser, nuestro deber de ser quien somos realmente, de realizar nuestro verdadero potencial. Cuando poco antes de una crucial batalla el guerrero Arjuna vacila, Krishna le enseña: «El dharma de uno, aunque no se lleve a cabo con perfección, es mejor que el dharma de otro, aunque esté bien hecho».

> *El propósito de la vida es una vida con propósito.*
>
> ROBERT BYRNE

Esta profunda enseñanza transmite el hecho de que tu deber espiritual consiste en dedicarte a tu misión. El Morya lo explica de este modo: «La canoa propia, aunque esté llena de agujeros, es mejor que el navío de otro. Apreciamos la navegación solo en nuestra barca».

Cuando no nos dedicamos a la pasión de nuestra alma las consecuencias pueden ser devastadoras, espiritual, emocional e incluso físicamente. Esto no solo puede ponernos de mal humor, sino que puede enfermarnos emocional y físicamente. «El alma

perdida —escribe la médica intuitiva Caroline
Myss— es muy susceptible a las enfermedades».[3]

El sentimiento de que la vida ha perdido su
alma o que el alma ha perdido su vida, también
puede conducir a adicciones como vía de escape
de la realidad. Desde un punto de vista espiritual,
ello puede conducir a una noche oscura del alma.

Te animo a que, cuando estés a solas, dedi-
ques algo de tiempo a considerar las siguientes
preguntas. Estas preguntas son de las más importantes a las que dar respuesta en esta vida. De
hecho, de forma periódica debemos hacernos
estas preguntas ya que a medida que nuestra alma
se desarrolla, nuestra misión también lo hace.

Ejercicios espirituales ──────────

▪ **Descubre lo que te apasiona.** Si nunca has pensado en lo que te apasiona en la vida, puede que no te resulte fácil responder a estas preguntas. Deja que te hable tu corazón y permite que las respuestas lleguen a su debido tiempo. Pídele a tu Yo Superior que te proporcione su guía divina y después mantente preparado ante cualquier posibilidad.

¿Estoy feliz con la dirección que ha tomado mi vida y en qué ocupo la mayoría de mi tiempo?

¿Qué me apasiona en la vida?

¿Cuál es el talento más grande que Dios me ha dado para compartirlo con los demás?

¿Cómo puedo refinarlo y perfeccionarlo?

*¿Cómo puedo utilizar ese talento para dar
la contribución más sobresaliente a mi familia,
a mi comunidad, a los que me necesitan
en mi círculo de influencia?*

*¿Cómo puedo capitalizar este talento para
ganarme la vida y así dedicarle una mayor
cantidad de tiempo?*

2

Simplifica y concéntrate priorizando las metas tanto materiales como espirituales

*A la larga, los hombres solo dan
a lo que apuntan.*

HENRY DAVID THOREAU

Hoy día, en una época de una complejidad, velocidad y presión en aumento, muchos optan por estilos de vida más sencillos. Intercambian la agotadora subida por la escalera corporativa por una mayor libertad personal, más tiempo con la familia y los amigos y los trabajos de menos estrés; aunque les paguen menos.

El *Trends Research Institute de Rhinebeck* (Nueva York) estima que el 15 por ciento de adultos estadounidenses ha adoptado un estilo de vida más sencillo y que para el 2005, al menos el 15 por ciento del mundo desarrollado practicará una vida más sencilla voluntariamente (en 1998 esa cifra era menos de un 2 por ciento). Esto no es simplemente algo que se ha puesto de moda. Es la respuesta de toda una generación al profundo anhelo que tiene el alma de una perspectiva hacia la vida más directa y con más significado.

La simplificación de nuestro estilo de vida solo puede tener lugar cuando hemos averiguado cuáles son nuestras prioridades; no solo nuestras metas materiales, sino también las espirituales. La respuesta será distinta para cada uno de nosotros. Todos necesitamos un material y unos apoyos espirituales diferentes que nos ayuden a alcanzar nuestro destino. Pero si te sientes obligado a correr más deprisa de lo que pueden moverse tus piernas, puede que sea el momento de detenerte y volver a evaluar las prioridades.

Piensa en si recientemente te has tomado el tiempo de considerar seriamente: *¿Cuáles son mis metas específicas para mi carrera profesional, mis relaciones, mi salud, mi hogar, mi vida familiar, mi vida espiritual?*

En lo referente a metas, pregúntate no solo *qué quieres hacer*, sino *qué quieres ser*. Por ejemplo, ¿cuánto tiempo quieres dedicar a la meditación, a la autorreflexión, a escribir en un diario, a trabajar como voluntario en tu comunidad? Además, piensa bien en qué quieres llegar a ser y qué necesitas para lograrlo. ¿Quieres ser más paciente; más intuitivo; más compasivo? ¿Cuáles son las piedras de tropiezo para ese crecimiento espiritual? ¿Qué necesitas para resolver la ira, el orgullo o la ansiedad que continúan cruzándose en tu camino?

Una buena forma de comenzar a simplificar y concentrarte en tus metas consiste en *escribir las metas que quieres lograr en cada apartado de tu vida. Después, a partir de toda esa lista, prioriza en importancia mayor a menor. Después pregúntate cuánto tiempo te ocupan las tres metas más importantes.*

Los que comparan sus metas más importantes con aquello a lo que dedican más tiempo, con frecuencia se sorprenden al ver que dedican poco o nada de tiempo a lo que más valoran. Si la cantidad de tiempo que dedicas a tus metas más importantes no se corresponde con el lugar que estas ocupan en tu vida como prioridades, sabrás que algo debe cambiar.

Pero no te detengas ahí. El siguiente paso es de suma importancia. Pregúntate: *¿Qué estoy haciendo ahora que no contribuye a mis metas más importantes? ¿A qué dedico mi tiempo que no me está haciendo avanzar?*

Toma un simple ejemplo: si te pasas diez horas a la semana mirando la televisión y dos horas en el cine, pero no alimentas a tu alma escribiendo la poesía que prometiste hacer, deberías volver a organizar tus fines de semana o las noches entre semana. Si las tres horas que dedicas a limpiar la casa cada semana preferirías dedicarlas a leer, ir a una clase de yoga o dirigir un grupo de lectura para jóvenes, considera contratar a alguien que te ayude a hacer las tareas de la casa.

> *Para alimentar el corazón no hay nada mejor que tener pocos deseos.*
>
> MENCIO

Este ejercicio parece simplista, pero es profundo. Parte de la actividad inútil que realizamos se debe simplemente a que no nos detenemos a decidir nuestras verdaderas prioridades y después concentrarnos en ellas. O nos concentramos solo en metas materiales, cuando en realidad nuestras metas espirituales necesitan las misma atención o más.

Es bueno repetir ese ejercicio y reconsiderar periódicamente la lista de metas, porque tus prioridades pueden ir cambiando según vayan evolucionando o aclarándose tu dirección y tus valores.

Ejercicios espirituales ─────────

▨ **Prioriza.** Piensa detenidamente en los pasos necesarios para priorizar las metas espirituales y materiales descritas en cursiva en las páginas 21-23.

▨ **Sé fiel a ti mismo.** Aprovechar tu tiempo y hacerlo de la mejor forma es una decisión cotidiana. Trata de dedicar tiempo los domingos por la noche, antes de empezar la semana, a contestar a esta pregunta: *¿Qué son las cosas más importantes que podría hacer esta semana que me ayuden más a lograr las tres prioridades más importantes en mi vida?*

Aunque tendrás muchas otras obligaciones que atender durante la semana, programa una cantidad de tiempo determinada a ser todos los días fiel a ti mismo.

3 Escucha en tu interior la voz de la sabiduría

¿Puedes permanecer en silencio y mirar al interior?
Si puedes, verás que la verdad siempre
está a tu disposición, que siempre responde.

LAO TZU

La voz queda de nuestro interior habla, pero no siempre escuchamos. El arte de la espiritualidad práctica consiste en mantener un oído puesto en nuestras obligaciones en la Tierra y otro sintonizado con la voz interior de sabiduría que intenta, a veces desesperadamente, llamar nuestra atención.

Esa voz interior nos puede llegar como guía desde nuestro Yo Superior o como una señal de nuestra alma. Puede ser el toque de un ángel que nos quiere advertir de algo o el mensaje de un maestro. Pero si nos rodeamos constantemente de ruidos —la música, el televisor o las conversaciones telefónicas— corremos el riesgo de ahogar las valiosas voces del espíritu que cuidan del alma.

El Hermano Lawrence, monje del siglo XVII, convirtió el arte de escuchar en la pieza esencial de su sendero espiritual. A esto lo denominó la práctica de la presencia de Dios. El Hermano Lawrence decía que le gustaba mantener una «atención sencilla y una mirada de amor en Dios», incluso entre el ruido y el estrépito de la cocina donde trabajaba. A esta práctica la describió como una «conversación habitual, silenciosa y secreta del alma con Dios». Es decir, que Dios está con nosotros en todas partes, no solo cuando meditamos, cuando caminamos por la naturaleza o cuando asistimos a un retiro de fin de semana. Lo único que tenemos que hacer es sintonizarnos.

Las estaciones de radio siempre están emitiendo, pero si no encendemos la radio y nos sintonizamos con la frecuencia correspondiente, no podemos escuchar la emisión. Pues Dios es como una estación de radio, listo y dispuesto a ayudarnos. Solamente tenemos que sintonizarnos con la frecuencia espiritual correcta.

El rabí Adin Steinsaltz dice que, en la tradición jasídica, «la voz que dio la Ley, los Diez Mandamientos, nunca calló... Existe un mensaje muy claro que se está transmitiendo siempre. Lo que ha cambiado es que nosotros ya no escuchamos».[4] Algunos de nosotros, admite, no estamos dispuestos a escuchar lo que Dios tiene que decir. ¿Eso se debe a que tememos que nos pida que hagamos algo que no queremos hacer?

El arte de escuchar de los místicos de las tradiciones espirituales del mundo tiene mucho que enseñarnos. Al gran yogui del Tíbet Milarepa se lo representa típicamente con la mano derecha detrás de su oído. Los eruditos han supuesto que eso significa que está escuchando los ecos de la naturaleza o que Milarepa sea un *shravaka*. Esta palabra significa literalmente «escuchar», pero se utiliza para describir a un discípulo del Buda, alguien que ha aprendido a escuchar la voz interior y la de sus mentores espirituales.

En el siglo III, el renombrado teólogo y místico cristiano Orígenes de Alejandría enseñó lo siguiente: «No creáis que Dios nos habla desde fuera. Porque esos pensamientos santos que surgen en nuestro corazón, esa es la forma en la que Dios nos habla».

La Madre Teresa de Calcuta dijo que, al principio de su misión, escuchó con claridad un llamado de Dios. Esto ocurrió cuando rezaba en silencio y a solas en un viaje en tren hacia la localidad india de Darjeeling. «El mensaje fue muy claro: debía abandonar el convento y ayudar a los pobres, viviendo entre ellos», dijo ella. «Fue una orden».

Swami Prabhavananda comentó que su instructor espiritual una vez le dijo que nunca hacía nada hasta que Dios le dijera que lo hiciera. «Los devotos insisten en ponerle fecha a mi visita», dijo. «Para evitar su constante insistencia, les di una fecha provisional. Pero no me muevo ni hago nada hasta que conozco la voluntad del Señor... En todo lo que hago tengo la guía directa de Dios».[5]

La mística Teresa de Ávila, del siglo XVI, dijo que su vida estaba guiada por indicaciones, revelaciones y represiones que recibía de Dios. Cuando Dios quiere que el alma sepa algo, dijo ella, a menudo se lo hace saber «sin imágenes o palabras explícitas». Teresa de Lisieux dijo lo mismo, admitiendo que, aunque nunca escuchó a Jesús hablarle, «está en mí a cada momento; me guía y me inspira aquello que debo decir y hacer». Con mucha frecuencia, dijo la santa, esos momentos de iluminación le llegaban no cuando estaba en oración, sino «en medio de mis ocupaciones cotidianas».

> *Sin siquiera abrir la ventana puedes conocer los caminos del Cielo. Porque cuanto más lejos vas, menos sabes.*
>
> LAO TZU

Ella también practicaba lo que el Hermano Lawrence describió como la conversación habitual, silenciosa y secreta con Dios. La palabra «conversación» aquí es clave. Cuando conversamos, no solo hablamos; también escuchamos. «El arte de la conversación consiste en el ejercicio de dos buenas cualidades», escribió una vez Benjamín Disraeli. «Debes tener al mismo tiempo la costumbre de comunicar y la de escuchar. La unión es poco frecuente, pero irresistible».

Lo mismo ocurre cuando hablamos con Dios,

y los que están sintonizados más con esa voz interior de sabiduría han alcanzado de hecho algo poco común e irresistible. Los llamamos místicos o genios y los relegamos a otra categoría evolutiva. No obstante, lo que ellos han hecho todos deberíamos hacerlo.

Como otros místicos, Teresa no creía que solo unos pocos escogidos tenían reservado recibir comunicaciones de Dios y afirmó que el encuentro personal y directo con Dios podía tener lugar durante nuestras ocupaciones cotidianas. Una vez les dijo a las hermanas de su convento: «Entre los pucheros anda el Señor ayudándonos en lo interior y exterior».

Con su estilo alegre, Teresa menciona una vez en que Jesús la iluminó de cierta forma: «Olvidóseme luego desde a poco, que no he podido más tornar a caer en lo que era. Y estando yo procurando se me acordase, entendí esto: "Ya sabes que te hablo algunas veces; no dejes de escribirlo; porque, aunque a ti no aproveche, podrá aprovechar a otros"».⁶ Esto nos demuestra que tenemos la responsabilidad de prestar atención a la guía interior que recibimos en nuestro corazón, porque eso podría salvarnos no solo a nosotros, sino también a otras personas.

Las indicaciones que Teresa recibía interiormente la avisaban de acontecimientos que iban a ocurrir y con frecuencia la empujaban a actuar contra lo que ella creía mejor o a cambiar los planes que ya había hecho. Sin embargo, nunca se arrepintió de seguir las indicaciones recibidas. Escribió que a veces el Señor la avisaba «de algunos peligros míos y de otras personas, cosas por venir, tres o cuatro años antes muchas, y todas se han cumplido».[7]

Yo he tenido muchas experiencias en las que la voz de la sabiduría me ha proporcionado una guía interior; guía que siempre he agradecido. Esta guía a veces tiene una gran precisión. Una vez iba en un automóvil viajando por la campiña de Virginia. Era un día magnífico e iba con la ventanilla abierta. De repente sentí que me decían que la cerrara. En cuanto lo hice un tomate se estrelló contra el cristal. Había unos niños escondidos entre los arbustos que se estaban dedicando a arrojar tomates podridos a los autos que pasaban.

En otra ocasión, una amiga me dijo que una

vez, al acostarse, tuvo la sensación de que debía hacerlo al revés, con los pies en la cabecera. Aunque no sabía por qué, decidió obedecer a la voz interior. En cuanto se hubo acostado la planta de su compañera de habitación que colgaba del techo se cayó precisamente donde con normalidad acostaba la cabeza.

Nunca olvidaré la historia que escuché en las noticias sobre el autobús de la ciudad de Seattle que transportaba a unas personas que iban de compras durante las vacaciones. El conductor recibió un disparo en el brazo y el autobús se chocó con el guardarraíl de un puente y lo atravesó, cayendo 20 metros. El autobús se estrelló contra el techo de un edificio de apartamentos.

Una mujer que vivía allí se encontraba en aquel momento fuera de su apartamento. Escuchó un fuerte ruido y vio cemento volar por todas partes. «Pensé: ahora me muero, ahora me muero», dijo la mujer. Entonces fue cuando sintió la voz interior. «Me quedé paralizada y alguien como un ángel de la guarda o algo así hizo que me moviera.» Escapando apenas del peligro, tan solo recibió un arañazo a causa de un trozo de cemento.

Dios nos envía mensajes y advertencias de muchas maneras, mensajes sobre las cosas importantes y las cosas pequeñas de la vida. La voz interior de sabiduría puede llegarnos en cualquier momento, siempre que estemos dispuestos a escucharla.

> *Dios habla en el silencio del corazón.*
>
> MADRE TERESA

Nos pasamos gran parte del día realizando actividades de todo tipo, gastando la energía para llevar a cabo las cosas que debemos hacer, y no siempre nos detenemos para cambiar y adoptar un modo receptivo de manera consciente. A veces esto requiere que nos aislemos del ruido del mundo y nos apartemos de la gente, los lugares y las circunstancias que no ayudan a nuestra comunión continua con la voz interior. «Dios dijo que no es bueno que el hombre esté solo —bromeó una vez John Barrymore— ¡pero a veces en un gran alivio!» Ahora más en serio, la Madre Teresa creía que cuando estamos a solas con Dios, en silencio, es cuando «acumulamos el poder interno que distribuimos en acción».

Es importante que cada día dediquemos unos momentos a adentrarnos en nuestro interior para reunir ese poder interno, para escuchar la guía, las indicaciones y el consuelo que no siempre encontramos en los amigos, la familia o los compañeros. No parece algo muy difícil de hacer, detenerse a conversar un momento con Dios o con nuestro Yo Superior y escuchar la corriente que nos regresa. Como todo, es una cuestión de habituarse a ello para que se convierta en algo natural.

Ejercicios espirituales ─────────

▦ **Entra en la cámara secreta y pide recibir guía divina.** Détente en algún momento del día y hazle una pregunta a Dios, a tu Yo Superior, a tu ángel de la guarda: *¿Qué dirección debo tomar en esta situación? ¿Cómo puedo ayudar a un ser querido que está sufriendo? ¿Cómo puedo superar este problema que no desaparece?*

Cierra los ojos y mírate a ti mismo entrando en la cámara secreta de tu corazón, donde estás cara a cara con tu Yo Superior. Adopta un modo receptivo y afirma que estás dispuesto a recibir la respuesta a la oración de tu corazón.

Estoy dispuesto a escuchar, sentir, percibir,
intuir la sabiduría interior que pueda recibir.
Muéstrame, oh, Dios, cómo mantener una
actitud de escucha y un corazón abierto,
y cómo utilizar la sabiduría que me das
para ayudar a los demás.

Después escucha la respuesta, que podrá llegar en seguida o más tarde. Mantente preparado a recibir el mensaje y al mensajero a través una indicación interior, una llamada telefónica inesperada, el desarrollo de los acontecimientos.

─────────────

▦ **Programa una cantidad de tiempo cada semana para estar a solas;** tiempo reservado para un período largo de conversación y comunión con lo divino. Este tiempo lo puedes utilizar para meditar, rezar o leer algo que te inspire.

▦ **Disfruta de los intervalos de silencio.** Evita la tentación de llenar cada momento libre con la radio, la televisión o incluso con música. Donde haya silencio, disfrútalo. Esos momentos son oportunidades de oro para adentrarte en tu interior.

▦ **Busca inspiración.** Toma tu texto sagrado o tu libro preferido. Pídele a Dios que te muestre la respuesta a alguna pregunta y que te lleve a la página que te dé lo que necesitas escuchar en este momento. Abre el libro y deja que tus ojos se dirijan a las líneas que debes leer.

▨ **Ten por escrito un historial** de las indicaciones interiores, la guía o los mensajes que recibas al escuchar en tu interior la voz de la sabiduría. Escribe de qué modo te ha ayudado esta guía. Después, cuando estés pasando por momentos difíciles, podrás volver a leerlo para no perder la fe en la voz interior.

▨ **Comparte.** Como Teresa of Ávila, nosotros podemos tener revelaciones interiores que podrían beneficiar a otras personas. Interésate en compartir estas experiencias con alguien que necesite tu ayuda.

4

Crea un espacio sagrado y realiza una conexión espiritual cada mañana

Tu espacio sagrado es donde puedes volver a encontrarte a ti mismo una y otra vez.

JOSEPH CAMPBELL

Tenemos acceso a inmensas reservas espirituales que pueden guiarnos de manera práctica todos los días, pero para ello debemos dedicar tiempo a emplear esos manantiales de sabiduría.

Mucha gente considera que crear un espacio sagrado sirve para realizar esta conexión. Esto se puede hacer de forma sencilla y fácil erigiendo en casa un altar personal, aunque sea simplemente en un rincón del dormitorio.

Este altar lo puedes adornar con aquello que te sirva de inspiración y te ayude a conectarte con Dios y con tu Yo Superior. Sobre él puedes poner velas, flores o plantas. Puedes añadir imágenes o estatuas de santos o de maestros, así como fotografías de las personas por las que rezas con regularidad. Como cáliz puedes utilizar hermosos cristales, así como un cuenco o una copa de cristal para concentrar la luz de Dios en tu casa. Por encima de tu altar o sobre él puedes poner la Gráfica de tu Yo Divino,[8] que te ayudará a sintonizarte con la presencia interior de Dios.

Debes considerar tu altar como el lugar al que acudes para «alterar» o transformar. Cuando lo primero que hago por la mañana es conectarme con Dios rezando de todo corazón, mi día se transforma porque transcurre con mucha más facilidad. No tengo distracciones innecesarias y emergencias que me aparten de mis metas.

La oración, en realidad, es una conversación. No es que nosotros tratemos de llegar a Dios, sino que Dios también trata de llegar hasta nosotros dándonos guía, consuelo, indicaciones y ayuda. La conexión espiritual realizada a través de la oración es lo que Teresa de Ávila llamó «un tratar íntimo entre amigos». Los amigos pueden compartirlo todo sin reservas, tanto sus alegrías como sus tristezas. Teresa también advirtió de que tal como «deudo y amistad se pierde con la falta de comunicación», nuestra relación con Dios puede perderse si no rezamos.[9]

Tu conversación matutina con Dios no tiene que ser muy larga. Puedes permanecer de pie o sentarte ante tu altar, cerrar los ojos, respirar profundamente varias veces y entrar en el espacio sagrado de tu corazón, la cámara secreta donde se encuentra tu chispa divina. Teresa de Ávila llamó a este sitio especial el castillo interior. En la tradición hindú, el devoto visualiza una isla enjoyada en el corazón; y ahí, en su altar, rinde homenaje a su instructor.

Jesús también habló de esta cámara secreta cuando dijo que debíamos meternos en nuestro «aposento» a rezar. Cuando era pequeña siempre me preguntaba, ¿a qué aposento iban los discípulos? Más tarde comprendí que ir a nuestro aposento a rezar es una metáfora que señala otro compartimento de la conciencia. Ello significa entrar en ese santuario interior del corazón y cerrar la puerta para aislarnos del mundo exterior.

Este santuario del corazón es el jardín secreto al que acudir para retirarse y comulgar con Dios y con tu instructor interior, tu Yo Superior. Imagínatelo como tu habitación privada de meditación; ahí puedes decirle a Dios cuánto lo amas. Puedes darle a Dios tu inmensa gratitud por las bendiciones que has recibido. Y después puedes invitar a los ángeles y a los maestros a que entren en tu vida para ayudarte a lograr tus metas espirituales y materiales del día.

Conviene tener presente dos principios clave: que la oración hablada es más eficaz que la oración en silencio* y que podemos mejorar la fuerza de nuestra oración visualizando lo que queremos que tenga lugar.

Cuando reces, di con exactitud cuáles son las cosas de las que quieres que se ocupen los ángeles en tu vida personal, en tu comunidad y en el mundo, como el crimen, la corrupción, la pobreza, los abusos a niños, los problemas económicos,

> *Cuando los seres humanos participan en ceremonias, entran en un espacio sagrado... Todo se renueva; todo se vuelve sagrado.*
>
> SUN BEAR BEAR
> (PERTENECIENTE A LA TRIBU HOPI)

---

*Véase págs. 53-58.

la contaminación. Cuando más específicas sean tus oraciones, más específicos serán los resultados. Puedes ofrecer oraciones como esta:

Oh, Dios, conéctate conmigo ahora que voy a realizar mi vocación más grande. Protege mi alma. Protege mi tiempo. Protege mi armonía. Asegúrate de que me dedique a la causa de mi servicio a la vida sin perturbaciones. Pido intercesión divina de ti y de tus ángeles, y lo acepto cumplido ahora con pleno poder.

Ángeles de luz, eliminad todos los obstáculos que se interponen ante mi servicio que hoy voy a realizar para Dios. Asumid el control de la reunión a la que voy a asistir con [di el nombre de los participantes] en [diga el lugar y la hora] y guiadnos hacia el mejor resultado posible.

Amado Cristo interior, amados Buda interior, enséñame a que hoy tenga más amor y sea más compasivo y ayúdame a que no me enoje ni sienta frustración. ¡Dirígeme al lugar donde debo estar en el momento adecuado para encontrar el trabajo que necesito!

Amados ángeles, id hoy y todos los días a proteger a mis hijos y a todos los niños y adolescentes de todo el mundo. Protegedles de todos los peligros para su cuerpo, su mente y su alma. Eleva a sus padres y maestros, y que su vida tenga personas como buenos ejemplos, así como la guía que necesitan para cumplir el plan de su vida que es especial.

Que todas mis oraciones sean adaptadas de acuerdo con la voluntad de Dios.

Cuando ofreces una oración, esta es recibida al instante por Dios y sus ángeles, cuyo trabajo consiste en implementar tus solicitudes, siempre que estén de acuerdo con la voluntad de Dios. Puesto que puede que no conozcamos cuál sea el bien más grande en una situación determinada, siempre debemos pedir que Dios adapte nuestras oraciones según lo mejor para nuestra alma o la de las personas por las que estamos rezando. Nuestras oraciones siempre obtienen respuesta, pero no siempre del modo que esperamos. A veces tenemos que aprender una lección o a veces existe otra solución al problema que no vemos.

Cuando reces por ti o por alguien que tiene alguna necesidad, también puedes maximizar tu oración incluyendo a todas las personas que tengan la misma necesidad. Por ejemplo, al rezar por un amigo que tiene SIDA, también puedes rezar por «todos los que sufren de SIDA y cualquier otra enfermedad que conlleve riesgo de muerte».

Independientemente de las oraciones y meditaciones que hagas durante tu ritual matutino, es bueno pedir protección espiritual para ti y tus seres queridos. Recomiendo dos oraciones sencillas para esa protección: el «Tubo de luz» y la «Protección de viaje».

Al hacer la afirmación del «Tubo de luz», desde el Espíritu desciende un cilindro de luz blanca en respuesta a tu llamado. Los santos y místicos de las religiones del mundo han visto esta luz blanca en sus meditaciones y oraciones. Los israelitas experimentaron este tubo de luz como una «columna de nube» de día y «una columna de fuego» de noche, mientras se desplazaban por el desierto. Y Dios prometió a través del profeta

Zacarías: «Yo seré para ella [Jerusalén], un muro de fuego en derredor, y para gloria estaré en medio de ella».

La luz blanca puede ayudarte a que permanezcas centrado y en paz, porque te protege de las energías negativas que pudieran estar dirigidas hacia ti debido a la ira, la condenación, el odio o los celos de alguna persona. Cuando estás desprotegido, esas energías agresivas pueden hacer que te sientas irritable o deprimido. Incluso podrían provocarte accidentes.

La luz blanca también puede protegerte de la atracción de la conciencia de las masas. Cuando nos sentimos exhaustos después de un viaje a la ciudad o después de ir de compras al centro comercial, con frecuencia esto se debe a que nuestras reservas físicas y espirituales se han consumido literalmente.

Es mejor hacer la afirmación del «Tubo de luz» cada mañana antes de que empiece el ajetreo del día. Si te sientes vacío de energía o vulnerable, retírate unos minutos y repite esta oración.

A fin de realzar el ritual de protección de la mañana, también puedes recitar «Protección de viaje» u otras oraciones al Arcángel Miguel, que es el más reverenciado de los ángeles en varias tradiciones religiosas, como el judaísmo, el cristianismo y el islam. En uno de los Manuscritos del Mar Muerto, Miguel es el «poderoso ángel que ayuda», a través de quien Dios promete «enviar ayuda perpetua» a los hijos de la luz. En la comunidad cristiana primitiva, el Arcángel Miguel era un sanador y protector celestial. Llamado Mika'ail en la tradición musulmana, él es el ángel de la naturaleza que proporciona al hombre tanto alimentos como conocimiento.

> *La oración debería ser la llave del día y el cerrojo de la noche.*
>
> THOMAS FULLER

Al experimentar con las técnicas de las siguientes páginas, recuerda que la visualización aumenta los beneficios de tus oraciones. Esto se debe a que aquello en lo que pones tu atención es aquello con lo que «te enchufas» y a lo cual cargas de energía. La imagen que tengamos en la mente es como un diseño y nuestra atención es el imán que atrae las energías creativas del Espíritu para que llenen el diseño. «Somos lo que pensamos —enseñó el Buda Gautama— habiéndonos convertido en lo que pensamos en el pasado».

Por tanto, cuando reces puedes visualizar el resultado exacto por el que estás rezando como si ya estuviera teniendo lugar en el presente. Has de verlo como si estuviera teniendo lugar en una pantalla cinematográfica delante de ti. Si no tienes un resultado específico en mente, concéntrate en las palabras de la oración y ve la acción descrita tener lugar ante ti.

Ejercicios espirituales

▨   **Crea un altar personal.** Encuentra un sitio en tu casa donde puedas crear tu espacio sagrado y tu altar personal, aunque sea un rincón de tu dormitorio o tu salón (como se describe en las páginas 39-40).

▨   **Sé específico** Escribe tu «lista de los deseos» divina. No te guardes nada ni limites lo que crees que Dios pueda hacer. ¡Ten la esperanza de que se harán milagros!

Después, como parte de tu ritual de conexión espiritual matutino, sé creativo y específico al formular tus llamados para pedir acción divina. Di en voz alta las actividades y los resultados que quieres que se produzcan ese día, las cosas que quieres que se rectifiquen, la situaciones que quieres que se resuelvan.

No te olvides de decir el nombre de las personas que necesitan la luz sanadora de Dios y visualizar los resultados que quieres que tengan lugar.

░ **Empieza cada día estableciendo una luz protectora** a tu alrededor y en torno a tus seres queridos, haciendo la afirmación del «Tubo de luz» tres veces.

Visualización:

Cuando recites esta afirmación, debes verte como si formaras parte de la Gráfica de tu Yo Divino (página 80). Tu Yo Superior está por encima de ti. Por encima de tu Yo Superior está tu Presencia YO SOY, la presencia de Dios que te acompaña.

Ve y siente una cascada de luz blanca resplandeciente, más brillante que el sol sobre la nieve recién caída, bajando a raudales desde tu Presencia YO SOY y envolviéndote. Ve cómo esa luz va formando un muro de luz.

Dentro de ese aura relumbrante de luz blanca, debes verte rodeado de la llama violeta del Espíritu Santo, una poderosa energía spiritual de alta frecuencia que transforma la negatividad (la tuya o la de otra persona) en energía positiva y llena de amor.*

De vez en cuando, a lo largo del día, refuerza esta protección spiritual repitiendo la oración y visualizándote rodeado del tubo de luz.

---

* Véase págs. 98-130.

Tubo de luz

Amada y radiante Presencia YO SOY,
séllame ahora en tu tubo de luz
de llama brillante maestra ascendida
ahora invocada en el nombre de Dios.
Que mantenga libre mi templo aquí
de toda discordia enviada a mí

YO SOY quien invoca el fuego violeta,
para que arda y transmute todo deseo,
persistiendo en nombre de la libertad
hasta que yo me una a la llama violeta.

Fortalécete haciendo llamados al Arcángel Miguel, para que te dé fuerza y protección. Haz la oración «Protección de viaje» tres veces o tantas como desees. Si no tienes tiempo para recitar esta oración por la mañana (ante tu altar o mientras te vas preparando para empezar el día), puedes recitarla en voz alta mientras viajas hacia el trabajo,[10] en voz baja mientras caminas hacia tu destino o en silencio mientras viajas en autobús o en otro medio de transporte.

Visualización

Visualiza al Arcángel Miguel como un ángel majestuoso de resplandeciente armadura y con una capa de azul zafiro brillante (el color de la protección). Debes ver cómo el Arcángel Miguel pone su magnífica presencia a tu alrededor, alrededor de tu familia, tus amigos y todas las personas por las que estés rezando.

Protección de viaje

¡San Miguel delante,
San Miguel detrás,
San Miguel a la derecha,
San Miguel a la izquierda,
San Miguel arriba,
San Miguel abajo,
San Miguel, San Miguel,
dondequiera que voy

¡YO SOY su Amor protegiendo aquí!
¡YO SOY su Amor protegiendo aquí!
¡YO SOY su Amor protegiendo aquí!

El poder creativo del sonido

Los avances y estudios científicos apuntan a lo que los sanadores y sabios sabían hace miles de años: que el sonido es clave para la vitalidad física, emocional y espiritual. Hoy, los ultrasonidos (ondas sonoras agudas) se están utilizando para muchísimas cosas, desde limpiar heridas hasta diagnosticar tumores, pasando por pulverizar piedras renales. Algún día se utilizarán incluso para inyectar medicamentos en el cuerpo, eliminando las agujas.

Los practicantes de medicina alternativa están experimentando con la utilización de tonos específicos para sanar los órganos; y cierta clase de música clásica, de compositores como Bach, Mozart y Beethoven, han demostrado que pueden acelerar el aprendizaje, elevar temporalmente el cociente intelectual y expandir la memoria.

El poder creativo del sonido también forma parte de la esencia de las tradiciones espirituales del mundo en Oriente y Occidente, ya se trate del Shemá o la Amidá judía, el

Padrenuestro cristiano, la Shahadah musulmana, el Gayatri hindú o el «On Mani Padme Hum» budista.

Los escritos hindús contienen impresionantes relatos de yoguis que han utilizado mantras para obtener protección y sabiduría, para aumentar la concentración y la meditación y como ayuda para alcanzar la iluminación y la unión con Dios. En la tradición mística judía, los cabalistas enseñan que al invocar los nombres de Dios y meditar en ellos, podemos emplear una fuente infinita de poder para recuperar la paz y la armonía en este mundo. La tradición católica nos dice que Santa Clara de Asís salvó su convento durante un ataque sarraceno al sostener en alto la eucaristía y rezar en voz alta.

Los más grandes revolucionarios, revolucionarios del espíritu, consideraron las plegarias, especialmente la oración hablada, como uno de los principales instrumentos para efectuar cambios. ¿Cuántas veces hemos encendido el televisor y hemos visto desconsolados a niños indefensos atrapados en un último episodio de limpieza étnica? ¿Cuántas veces hemos visto a las víctimas de un terremoto o un tornado escarbando en los escombros donde antes se encontraba su hogar? ¿Cuántas veces nos hemos preguntado cómo podríamos ayudar? El poder creativo del sonido nos da una forma de hacerlo.

Las plegarias y afirmaciones contenidas en este libro se deben pronunciar en voz alta como una forma de oración dinámica conocida como «decreto». Los decretos, como otros rezos, son peticiones habladas dirigidas a Dios. Cuando meditamos, comulgamos con Dios. Cuando rezamos, nos comunicamos con Dios y solicitamos su ayuda. Cuando decretamos, comulgamos, nos comunicamos y dirigimos la luz de Dios a nuestro mundo para transformar las circunstancias que vemos a nuestro alrededor. En efecto, con ello daremos la orden para que la energía fluya del Espíritu a la materia.

Esto es lo que Dios nos pidió cuando dijo a través del profeta Isaías: «Preguntadme de las cosas por venir; *mandadme* acerca de mis hijos, y acerca de la obra de mis manos». Y cuando le dijo a Job: «Orarás a él [el Todopoderoso], y él te oirá… *Determinarás* asimismo una cosa, y te será firme».[11] Cuando utilices el poder creativo del sonido a través de oraciones o decretos pronunciados en voz alta, no solo estarás «pidiendo» ayuda, sino que estarás entrando en una sociedad con Dios y entablando una relación interactiva con él.

> *Correctamente entendida y aplicada, [la oración] es el instrumento más potente de acción.*
>
> —MOHANDAS GANDHI

La oración, la meditación y los decretos son todas ellas formas de conectarnos con lo divino, y cada tipo de devoción tiene su sitio y su momento. Los decretos combinan la oración, la meditación y la afirmación y visualización. Los devotos de muchas tradiciones espirituales han considerado que esta forma de plegaria acelerada ayuda con mucho a mejorar su práctica espiritual.

Los decretos, como las plegarias y los mantras, se deben repetir tal como los católicos repiten el Ave María y los budistas, sus cánticos sagrados. La gente a menudo se pregunta por qué hace falta pedirle a Dios algo más de una vez. Repetir una oración o un decreto no es simplemente una petición repetida una y otra vez; es una ecuación de energía. Cada vez que la repites, acumulas un impulso; invocas más y más luz espiritual dirigida hacia la situación para proporcionar una ayuda más grande que satisfaga esa necesidad.

Tanto místicos como científicos han demostrado los beneficios de la oración repetitiva. A lo largo de los siglos, místicos de la Iglesia ortodoxa han reportado haber tenido experiencias místicas extraordinarias al repetir la sencilla plegaria según su tradición: «Señor Jesucristo, ten misericordia de mí».

El Dr. Herbert Benson, presidente y fundador de *Mind-Body Medical Institute de Harvard Medical School,* descubrió que los que repetían mantras sánscritos durante tan solo diez minutos al día, tenían cambios fisiológicos: ritmo cardíaco reducido, niveles de estrés más bajos y un metabolismo más lento. Estudios posteriores demostraron que la repetición de mantras puede beneficiar el sistema inmunológico, aliviar el insomnio, reducir las visitas médicas e incluso aumentar la autoestima. Cuando Benson y sus colegas pusieron a prueba otras plegarias, como «Señor Jesucristo, ten misericordia de mí», descubrieron que estas tenían el mismo efecto positivo. En resumen, la oración repetitiva energiza.

Los decretos habitualmente se repiten tres veces o en múltiplos de tres. Cuando repetimos un decreto tres veces, ello nos sintoniza con el poder de la Trinidad además de crear un factor multiplicador de modo que el decreto tenga el ímpetu añadido del «tres por tres» o el poder del nueve.

Las plegarias y los decretos de este libro provienen de las palabras de los santos y maestros de Oriente y Occidente. Puesto que estos iluminados han alcanzado los niveles más altos de íntima comunión con Dios, sus palabras son como cuerdas que nosotros también podemos utilizar para mantener una conexión espiritual; son fórmulas sagradas que hacen que se emita el poder de Dios.

5

Llama a los ángeles para que actúen en tu vida

Ya no quiero que converses con hombres,
sino con ángeles.

JESÚS A SANTA TERESA DE ÁVILA

La palabra «ángel» se deriva del griego *angelos,* que significa «mensajero». Los ángeles, de hecho, son heraldos, así como ayudantes y sanadores, instructores y amigos. Me gusta pensar en los ángeles como extensiones de la presencia de Dios, creados como «ángulos» de la conciencia de Dios. Ellos representan y amplifican los atributos divinos y nos dan el apoyo personal que necesitamos en nuestra estancia en la Tierra.

San Basilio dijo: «Es enseñanza de Moisés que cada creyente tiene un ángel que lo guía como instructor y pastor». Los primeros padres de la iglesia sostenían que cada ciudad, pueblo y aldea, incluso cada parroquia y cada familia, tiene un ángel de la guarda especial. Los hebreos y algunos cristianos primitivos enseñaban que incluso los países tienen sus propios ángeles de la guarda.

La tradición islámica dice que hay cuatro ángeles de la guarda asignados para protegernos a todos, dos durante el día y dos durante la noche. (¡Debe ser que hacen turnos de trabajo larguísimos!) Otros ángeles se describen como «viajeros píos», que analizan el país y reportan a Alá todo lo que observan. En la tradición de Zoroastro, de los Amesha Spentas, comparable a los arcángeles del cristianismo o a los sefirot de la cábala, personifican atributos divinos y trabajan para derrotar al mal y promover el bien.

Algunas personas dicen: «Si existen todos esos ángeles que esperan ayudarnos, por qué no han hecho nada todavía para resolver este problema que sufro en mi vida o que tengo en la zona donde vivo?». Pero lo que no comprenden es que el universo no funciona con un estilo de gestión de arriba hacia abajo; el universo está basado en el libre albedrío y el trabajo conjunto.

Cuando Dios nos creó, nos dio libre albedrío para que pudiéramos ejercer nuestra individualidad. Dios no deja de cumplir su palabra y respeta nuestro libre albedrío. Puedes pensar en la Tierra como un laboratorio en el que Dios nos ha dado la libertad de experimentar y evolucionar. Si, como un padre permisivo a la vez que controlador, Dios enviara a sus ángeles para que se apresuraran y nos detuvieran cada vez que estuviéramos a punto de cometer un error, nosotros no experimentaríamos los resultados de nuestras decisiones, buenas o malas, que es como aprendemos las lecciones y crecemos espiritualmente.

Por tanto, de acuerdo la ley universal, debemos pedir a Dios y a los ángeles que intervengan en nuestros asuntos. Cuando lo hacemos, les damos el poder de actuar en nuestro lugar y hacer lo mejor para nosotros; así entramos en una sociedad con lo divino, una unión de cielo y tierra: trabajo en conjunto.

He recibido muchas cartas a lo largo de los años con explicaciones sobre cómo los ángeles han salvado alguna situación. Alguien me escribió un día que estaba regresando de un seminario con unos amigos cuando el automóvil empezó a tener problemas. «Cuando me dirigía a mi casa —explicó esta persona— el automóvil tuvo un problema y empezó a sobrecalentarse. Ninguno de nosotros teníamos dinero y viajábamos «con Dios y ayuda», literalmente.

> *Si estos seres te protegen, lo hacen porque han sido llamados por tus oraciones.*
>
> SAN AMBROSIO

«Cada vez que la aguja se iba acercando más hacia la zona caliente yo hacía intensos llamados a los ángeles. Le dije a las personas que iban conmigo que visualizasen nieve, una claridad cristalina, arroyos frescos de la montaña y hielo alrededor del motor. Al hacerlo veíamos que la aguja bajaba de inmediato, indicando que la temperatura había vuelto a la normalidad. Es un testimonio maravilloso sobre el poder de la palabra hablada y la intercesión de los ayudantes celestiales».

A veces puede que no seamos conscientes de un peligro inminente, pero sin que le pidamos a los ángeles su intercesión, ellos trabajan constantemente para advertirnos y protegernos. Esto es así especialmente si hemos establecido una relación constante con los ángeles y tenemos un impulso acumulado para invitarlos a nuestra vida. Los ángeles también pueden acudir si alguien ha rezado por nosotros o si nos hemos ganado una protección especial a cambio de algo bueno que hayamos hecho en el pasado.

No hay duda de que ese fue el caso en este incidente que me contó una mujer. Una noche, de repente, se despertó con la mano en el pecho y con los dedos palpando lo que después acabó siendo un tumor de diez centímetros. «Sentí una presencia angélica al lado de la cama», escribió ella. «"¡Despierta! ¡Hay trabajo que hacer!", fue el mensaje. Me desperté al instante, con todas las células de mi cuerpo alerta. Lo primero que pensé fue: "Esto no me va a gustar. Es cáncer y será difícil". Era cierto. Se trataba de cáncer y fue difícil».

De vez en cuando ella volvió a sentir esa vibración angélica que la había despertado en medio de la noche. «Parecía empujarme hacia adelante», explicó. Por ejemplo, el día antes de someterse a una operación quirúrgica, tenía una cita con el médico. Había dormido solo dos o tres horas la noche anterior y no podía digerir la comida. «¿Tengo las fuerzas de ir a la cita con el médico?», pensó tumbada en la cama. Entonces fue cuando vio a los ángeles entrar en el dormitorio.

«Se me acercaron hasta veinte», escribió. «Pareció que me elevé veinte centímetros sobre la cama a medida que se acercaban. Los ángeles me atendieron, formando dos hileras a ambos lados, moviendo las manos muy suavemente en ondas sobre mi cuerpo. Sentí fluir hacia mí un gran amor. Cuando se retiraron, pareció como si volviera a bajar a la cama. Al levantarme para acudir a la cita médica, me di cuenta de que tenía fuerzas y me sentía ligera como una pluma. Los ángeles habían venido a fortalecerme. Negocié la cita con el oncólogo con finura y al día siguiente la operación discurrió con facilidad».

Las historias sobre ángeles que han ayudado a niños son las más emotivas, como esta que describe una intervención inolvidable que había tenido lugar años antes: «Tenía diez u once años», comenzaba la carta. «Era un día de verano de mucho calor. Mi padre nos acababa de recoger a mi hermana y a mí del campamento de verano y viajábamos hacia la casa. Me sentía exhausta y con sueño, tan cansada que me apeteció apoyar la cabeza contra la puerta del automóvil para dormir. A punto de hacerlo, algo extraño y hermoso ocurrió.

»Escuché una voz. Nunca olvidaré esa voz. Era una voz femenina, firme pero suave, imponente pero tranquilizadora. La voz me habló y dijo (permítaseme parafrasear): "No, no apoyes la cabeza. Espera a llegar a casa". No tengo palabras para describir la belleza de aquella voz o la profundidad del interés que aquel ser tenía por mí. Al instante obedecí sus órdenes y me puse en una posición más erguida. Poco después, segundos o minutos, nuestro automóvil sufrió un accidente en el que otro automóvil se chocó con el lateral del nuestro. El lado en el que yo estaba sentada se hundió por completo hacia el interior. Si hubiera tenido la cabeza apoyada como quería, podría haber sufrido graves lesiones en la cabeza o incluso la muerte. Los ángeles son unos ayudantes realmente asombrosos».

Afortunadamente, no hace falta que esperemos a que nos ocurran milagros así. Cuando más aprendemos sobre cómo trabajar con los ángeles, más pueden ellos ayudarnos a crear milagros, todos los días. No existe ningún problema que sea demasiado grande o pequeño y que no podamos asignárselo a los ángeles, ya se trate de recuperar algo perdido, pedir fuerzas para soltar viejas heridas, recibir ayuda para encontrar un nuevo empleo o incluso detener una guerra.

Aunque tendemos a pensar que todos los ángeles se parecen y actúan de manera similar, Orígenes de Alejandría dijo que todos los seres tienen asignados cargos y deberes respectivos basados en sus acciones y méritos anteriores. Incluso los arcángeles y sus ayudantes angélicos se especializan en ciertos trabajos; y nosotros debemos llamar a distintos grupos de ángeles para que nos ayuden en los varios ámbitos de nuestra vida.[12]

Hacer esto no tiene por qué llevarnos mucho tiempo. Cuando te sientas apesadumbrado o cuando tengas que afrontar un problema, puedes rezar rápidamente en voz alta a los ángeles para que vayan a tu casa, a tu lugar de trabajo o allá donde te encuentres en ese momento. Dios quiere que asumamos el mando sobre nuestro mundo y que hagamos uso de nuestro libre albedrío para forjar una asociación divina con el Espíritu. Ese es uno de los motivos por el que estamos aquí, en la Tierra.

¿Cuánto tiempo lleva dirigir a los ángeles a una situación donde se los necesita, diciendo las condiciones específicas que queremos corregir? Unos treinta segundos. ¡Qué distinto sería el mundo si a cada hora en punto compusiéramos durante treinta segundos una plegaria rápida y enviáramos a los ángeles! Cuando veas las noticias, puedes incluso bajar el volumen durante los anuncios y hacer llamados a los ángeles.

> *Hazte amigos de los ángeles, que aunque invisibles, están siempre contigo.*
>
> SAN FRANCISCO DE SALES

Como una joven me dijo: «Con la ciencia de la Palabra hablada puedo hacer algo por el mundo esté donde esté: en casa, en el automóvil o caminando por las montañas. Puedo hacer que diez minutos de mi vida sirvan para algo, porque invoco la protección y la ayuda para quienes la necesitan».

Recuerda: cuando digas estas oraciones, no lo hagas con timidez. Puedes hacer estos llamados como si fueran órdenes dinámicas. Cuanto más fervor tengas, mayor será la respuesta del cielo.

¿Cuántos días debes concentrarte en una oración específica para ver algún resultado? Esto depende de la severidad de la situación y de cuánta luz de Dios sea necesaria para desplazar a la oscuridad.

Durante años, una amiga mía muy querida se levantaba cada mañana para rezar y decretar por los jóvenes del mundo. Y seguiría haciéndolo hoy si se encontrara entre nosotros. Por otro lado, a veces un llamado ferviente y de todo corazón puede darle la vuelta a las circunstancias.

NOMBRE DEL ARCÁNGEL	ESPECIALIDAD
Miguel	*protección, poder, fe, buena voluntad*
Jofiel	*sabiduría, entendimiento, iluminación*
Chamuel	*amor, compasión, bondad, caridad*
Gabriel	*pureza, disciplina, alegría*
Rafael	*verdad, ciencia, sanación, abundancia, visión, música*
Uriel	*servicio, ministración, paz, hermandad*
Zadquiel	*misericordia, perdón, justicia, libertad, transmutación*

Ejercicios espirituales ———

■ **Crea tus propios milagros todos los días trabajando con los ángeles.** Primero, escribe una situación en la que necesites ayuda o en la que alguien la necesite.

Cada uno de los siete arcángeles y sus grupos tienen una especialidad, por así decirlo. En la gráfica de la página anterior, escoge al arcángel con el que quieras trabajar, el que esté especializado en el ámbito que te concierne.

Cada día (cuando tengas un momento entre las tareas que estás llevando a cabo o durante un receso), di una oración de todo corazón dirigida a ese arcángel. Sé específico y creativo al hacerlo, diciendo con exactitud qué problema tienes y qué resultado quieres obtener.

He aquí un ejemplo del tipo de oración que puedes decir:

Arcángel [inserta aquí el nombre del arcángel] *y tus grupos de ángeles, entra en acción ahora para asumir el mando sobre* [di la situación exacta, el lugar y el resultado que quieres obtener].

Te pido que produzcas el mejor resultado y que multipliques mis oraciones para bendición de todas las almas que se encuentren en una situación parecida.

Al decir tu oración, dale el problema a los ángeles. Visualiza la solución al problema como si estuviera teniendo lugar delante de tus ojos: consigues el empleo perfecto, se arregla una relación difícil, la tasa del crimen en tu zona disminuye.

▨ **Pídele ayuda al Arcángel Miguel,** en cualquier momento, en cualquier sitio. He aquí un ejemplo de un mensaje SOS rápido y potente que puedes hacer para que el Arcángel Miguel entre en escena:

¡Arcángel Miguel,
ayúdame, ayúdame, ayúdame!
¡Arcángel Miguel,
ayúdame, ayúdame, ayúdame!
¡Arcángel Miguel,
ayúdame, ayúdame, ayúdame!

Al repetir estas palabras, envía un arco de luz desde tu corazón al de este magnífico arcángel. Cuando hagas el llamado con fervor, el Arcángel Miguel estará a tu lado al instante.

He aquí otro decreto sencillo que puedes hacer para llamar al Arcángel Miguel:

Amado Miguel, arcángel de la Fe,
sella mi vida con tu protección;
que día a día aumente mi Fe,
lo único real en la vida es Dios.

Avanza ante mí, querido Miguel,
adoro y aprecio tu escudo de Fe;
llama viviente, armadura de Luz,
acción manifiesta en el nombre de Dios.

(Véase también «Protección de viaje» al Arcángel Miguel en la página 52.)

6 Deja que tu yo espiritual haga el trabajo

He visto que en toda gran empresa
no basta con que un hombre dependa
solo de sí mismo.

ISNA-LA-WICA (HOMBRE SOLITARIO)

El antiguo sabio chino Lao Tzu dijo: «Actúa sin hacer nada. Trabaja sin esfuerzo».

Para la mente occidental, esto suena a koan zen. ¿Cómo se puede actuar sin hacer nada o trabajar sin esfuerzo?

Lao Tzu revelaba el secreto que todos los adeptos espirituales han descubierto. Nos decía que cuando nuestro yo inferior (nuestro ego) se quita del medio, nuestro yo superior (nuestro yo espiritual) puede actuar a través de nosotros sin esfuerzo. Lao Tzu lo expresó de otro modo cuando dijo: «Para llenarte, vacíate... El que conoce...

la humildad se convierte en el valle del mundo».
Es decir, el que ha humillado a su ego crea un espacio sagrado que puede recibir al Espíritu.

> *[El sabio] nunca*
> *se esfuerza por lo*
> *grande, y así lo*
> *grande se logra.*
>
> LAO TZU

En términos taoístas, cuando estamos «vacíos» podemos llenarnos del Tao, el Espíritu omnipresente, la Realidad Definitiva. Para decirlo en lenguaje moderno: no podemos estar llenos de nosotros mismos y del Espíritu al mismo tiempo.

Tenemos un yo espiritual que es nuestra verdadera naturaleza. El yo inferior, el ego humano,
eclipsa el sol de ese yo espiritual e interfiere. Podemos integrar más espiritualidad en nuestra vida
cuando nos vaciamos y nos abrimos, como un
valle, y cuando permitimos de manera consciente
que nuestro yo espiritual nos enseñe y se exprese
a través de nosotros.

El santo hindú del siglo XIX Ramakrishna lo
expresó así: «Yo soy la máquina, Tú [Dios, el Yo
Superior] eres el maquinista... Hablo como Tú
me haces hablar. Actúo como Tú me haces

actuar».[13] Jesús nos decía la misma verdad cuando enseñó: «No puedo yo hacer nada por mí mismo… El Padre que mora en mí, él hace las obras». El instructor jasídico Dov Baer lo resumió cuando dijo: «Lo que uno hace, Dios es quien lo hace».

Si pudiéramos abandonar la necesidad que tiene el ego de controlar, si pudiéramos darle la situación a Dios, a nuestro yo espiritual, abriríamos la puerta hacia posibilidades que nunca imaginamos. «Es el sentimiento de lucha lo que crea la lucha», dice el Maestro Ascendido Saint Germain.

A veces nuestro exceso de preocupación o ansiedad se convierte en anteojeras. Cuando tenemos anteojeras puestas, nuestra visión es muy estrecha y no hay posibilidad de que veamos todas las opciones. De hecho, podríamos estar buscando respuestas donde no corresponde. Cuando estamos dispuestos a aceptar otra forma de ver las cosas, cuando nos podemos relajar, cuando podemos pasar a un modo receptivo y abrirnos como un valle, el Dios interior puede darnos la mejor solución.

Mi marido e instructor Mark L. Prophet, ya

fallecido, solía decir que nunca encontraremos la respuesta que buscamos fuera de nosotros mismos. «Está en ti misma», me decía. «Ahí es donde empieza la búsqueda. Podemos descubrir una mina de oro de conciencia en el interior. Es la conciencia del Cristo interior. Y cuando encontremos esa conciencia, percibiremos de una forma nueva nuestra valía. Tu valía no se encuentra en una balance bancario; se encuentra dentro de ti».

Dios no es un chapucero.

JOHN HEYWOOD

Ejercicios espirituales ─────────

▨ **Da un paso atrás.** Dejar que tu yo espiritual haga el trabajo es una actitud, un modo de vida. Si algo en la vida parece demasiado difícil de hacer, da un paso atrás, dale el problema conscientemente a tu Yo Superior y suéltalo. Di una oración en torno al problema, incluso una sencilla plegaria como una de las que hay a continuación o como la oración más larga, «Oración para la armonización», en la siguiente página.

Dios, asume el mando sobre esta situación. Yo solo no puedo hacerlo solo; pero sé que tú sí puedes.

Amado Ser Crístico, entra en el vacío de mi ser y actúa hoy a través de mí para producir el mayor bien en esta situación. Libérame de toda ceguera espiritual y costumbres insanas que me limitan y que no me dan la capacidad para verte y ver tu voluntad con claridad, oh, Dios.

Oración para la armonización

Amada poderosa Presencia YO SOY,
    actúa en mi nombre hoy:
ocupa mi forma.
Libera la luz necesaria
    para que yo haga tu voluntad,
Y asegúrate de que las decisiones que tome
    siempre estén de acuerdo con tu santa voluntad.
Asegúrate de que mis energías se usen para
    engrandecer al SEÑOR en todo aquel que
    encuentre.
Asegúrate de que la santa sabiduría que se me
    otorga la utilice constructivamente para la
    expansión del reino de Dios.
Y, por encima de todo, amado Padre Celestial,
    te encomiendo mi espíritu.
Y pido que, así como tu llama es una con mi
    llama, la unión de estas dos llamas pulse para
    efectuar en mi mundo la continua vigilancia y
    armonización que necesito con tu santa
    Presencia, con el Espíritu Santo y con la
    Madre del Mundo.

Tu anatomía espiritual

Cada uno de nosotros tenemos un yo espiritual con un inmenso potencial espiritual. Tenemos una conexión personal con Dios dentro de nosotros. La Gráfica de tu Yo Divino, en la página 80, puede ayudarnos a comprender esta relación.

Esta ilustración es un retrato tuyo y del Dios que hay dentro de ti. Es un diagrama de tu anatomía espiritual y del potencial que tienes para llegar a ser quién eres en realidad. El autor Dannion Brinkley, que ha tenido tres experiencias cercanas a la muerte, dice: «Así eres cuando se observa desde los reinos espirituales».

La figura superior de la Gráfica de tu Yo Divino es la Presencia YO SOY, la Presencia de Dios que está individualizada en cada uno de nosotros. Los budistas la llaman Dharmakaya, el cuerpo de la Realidad Suprema. Tu Presencia YO SOY es tu «YO SOY EL QUE YO SOY» personalizado. YO SOY EL QUE

YO SOY es el nombre que Dios le reveló a Moisés. «YO SOY EL QUE YO SOY» significa, sencilla pero profundamente: *como arriba, así abajo. Como Dios es en el cielo, así Dios es en la tierra dentro de mí. Donde me encuentro está Dios. Soy aquí en la tierra el «YO SOY» que está en el Espíritu.*

En las dimensiones espirituales, tu Presencia YO SOY está rodeada de siete esferas concéntricas de energía espiritual que componen lo que denominamos el cuerpo causal. Estas esferas de energía pulsante contienen el registro de las buenas obras que has realizado.

La figura media representa tu Yo Superior, tu instructor interior, tu amigo más querido y la voz de tu conciencia. Cada uno de nosotros estamos destinados a encarnar los atributos de nuestro Yo Superior, que a veces es denominado Cristo interior o Buda interior.

El haz de luz blanca que desciende del corazón de la Presencia YO SOY a través del Yo Superior hasta la figura inferior es el cordón cristalino (o «cordón de plata», como lo llama Eclesiastés). Se trata del cordón umbilical o el sustento que te vincula al Espíritu. Tu cordón cristalino también alimenta la chispa divina que está instalada en la cámara secreta de tu corazón.

La figura inferior te representa a ti en el sendero espiritual rodeado de la luz blanca protectora de Dios y la llama violeta (el fuego espiritual purificador del Espíritu Santo), al que puedes invocar en tus prácticas espirituales.* La evolución de tu alma en la Tierra tiene el propósito de que ella aumente su maestría sobre sí misma, que saldes tu karma, que te unas a tu Yo Superior y que cumplas tu misión para que puedas volver a las dimensiones espirituales, que son tu verdadero hogar.

---

*Véase páginas 51, 104-107.

Vive en el presente

*Dije que solo hay una cosa del pasado
que merece recordarse, que es
el hecho de que es pasado.*

MARK TWAIN

«No os quedéis en el pasado, no soñéis con el futuro, concentrad la mente en el momento presente», enseñó el Buda Gautama. «Renunciad al anhelo del pasado, renunciad al anhelo del futuro, renunciad al anhelo de lo que hay en medio y cruzad a la orilla opuesta».

¿Qué es el anhelo del pasado? Es el deseo, y todos lo tenemos de vez en cuando, de revivir los «buenos tiempos» del pasado; o mirar atrás y pensar constantemente en «lo que podría haber sido».

¿Qué es el anhelo del futuro? Es el preocuparse por lo que podría pasar si...

¿Qué es la orilla opuesta? Piensa en ello como el lugar donde quieres estar, el lugar de paz, el lugar de felicidad, el lugar donde ya no hay «anhelos».

¿Y cuál es el puente que puede ayudarnos a cruzar a la orilla opuesta? Es el arco creado por nuestra atención.

Una de las leyes espirituales más importantes que hay que recordar es que *allá donde pones tu atención, allá va tu energía.* Cada día tenemos una cantidad determinada de energía asignada. Si una parte de nuestra atención está constantemente puesta en el pasado o en preocuparse por el futuro, tanta menos energía tendremos a nuestra disposición en el aquí y ahora.

Es como si el río de la vida que discurre a través de nosotros se hubiera dividido en muchas corrientes más pequeñas. Estos riachuelos de energía, que se alejan de la corriente principal y del patrón principal de nuestra vida, pueden quitarnos todo el poder que necesitamos para llevar a cabo nuestra misión en la vida. A raíz de eso puede que tengamos desasosiego, que nos descentremos, incluso que nos sintamos cansados crónicamente o deprimidos.

Otro factor que puede evitar que nos concentremos completamente en el presente es el hecho de haber dejado literalmente una parte de nosotros mismos en otro sitio. Esto podría ser el resultado de una experiencia traumática o algún abuso. O quizá hayamos amado a alguien tanto que cuando perdimos a esa persona, una parte de nosotros permaneció con ella. Es natural y sano llorar la pérdida de un ser querido y sentir dolor. Pero cuando no recogemos los pedazos para seguir adelante, es como si una parte de nuestra alma se perdiera.

Albergar ira o rencor o no perdonar a alguien, o no perdonarnos a nosotros mismos, también nos impide vivir en el presente. Creemos que al darle a alguien la espalda lo estamos aislando de nuestra vida. En realidad, nuestra ira o rencor hace justamente lo contrario; nos mantiene atados a esa persona en un enredo kármico que nos impide ser libres para seguir adelante.

Una de mis lecciones preferidas sobre cómo soltar el equipaje sobrante proviene de una antigua historia budista acerca de dos monjes que viajan juntos. Estos monjes llegan a un arroyo donde encuentran a una bella joven que vacila en cruzar porque no quiere mojarse la ropa. Uno de los monjes la toma en sus brazos y cruza con ella, y después sigue por su camino.

> *La vida consiste en aquello en lo que un hombre piense todo el día.*
>
> RALPH WALDO EMERSON

Los monjes, por supuesto, normalmente no se asocian con mujeres, mucho menos las tocan, y su compañero se queda estupefacto. A cada paso se enoja más y su preocupación lo ralentiza. Finalmente, tras varias millas, ya no puede contenerse y suelta: «¿Cómo has podido hacer algo así?».

El otro monje al principio se queda perplejo y después contesta: «Ah, ¿te refieres a la joven? La solté hace varias millas. ¿Tú todavía cargas con ella?».

Cuando tomamos la decisión de no soltar la ira que sentimos o una vieja herida, la llevaremos literalmente con nosotros. He aprendido que sentir enojo o resentimiento es un círculo vicioso. Esto nos deja sin energía porque una parte de nosotros está siempre enfocada en esa situación, que no se ha resuelto. Cuando perdonamos, liberamos el cien por cien de nuestra energía para realizar una actividad constructiva.

El perdón consiste en parte en comprender que, a veces, cuando la gente es injusta con nosotros, la cosa tiene que ver con la persona en cuestión y no tiene nada que ver con nosotros. Quizá las palabras hirientes son el resultado de un profundo dolor interior que no desaparece. Quizá un amigo frustrado siente una carga demasiado pesada y su alma está pidiendo ayuda a gritos. Quizá la «injusticia» solo sea una forma que tiene la vida de llamar nuestra atención para que comprendamos una lección que hemos rechazado aprender de cualquier otro modo. Sea lo que sea, no somos libres de verdad hasta que resolvemos la ira y perdonamos.

Habrá veces cuando sintamos que no podemos perdonar a alguien porque creemos que el crimen que ha cometido contra nosotros o contra un ser querido es demasiado grande. Dios me ha enseñado que en una situación como esta podemos perdonar al alma y después pedir a Dios y a sus ángeles que aten al yo irreal, al lado oscuro de la persona, que fue lo que la llevó a cometer el crimen.

No importa lo malos que sean los actos de una persona; si perdonamos al alma, esa parte de su ser que aún tiene potencial hacia el bien, podemos evitar un enredo kármico. «El odio nunca destruye al odio —enseñó el Buda Gautama con aquellas palabras inmortales del Dhammapada— solo el amor destruye el odio.» El odio ata; el amor libera.

En ocasiones, la persona más importante a la que hay que perdonar es uno mismo. Cualquier injusticia que hayas cometido, puedes invocar el perdón, hacer el trabajo espiritual y práctico para enmendar las cosas y ver que tus errores son experiencias de las que aprender.

«Lo pasado es prólogo», es como lo expresó Shakespeare. Sin duda podemos aprender de nuestros ayeres, pero es peligroso vivir en el pasado. Alguien lo resumió de esta forma: «Mantén los ojos en la carretera y utiliza el espejo retrovisor solo para evitar problemas».[14]

Hemos dicho que vivir en el pasado puede ser

una trampa, pero lo mismo es cierto respecto al futuro. No hay nada malo en planificar, pero preocuparse a perpetuidad por el futuro nos puede dejar con una cantidad limitada de energía que dedicar al presente. Pensándolo bien, la ansiedad por el futuro es en realidad la duda de que nuestro Creador, nuestro Origen espiritual, nos vaya a suministrar lo que necesitamos; o es creer que no merecemos recibirlo.

> *La gente de Occidente siempre está preparándose para vivir.*
>
> PROVERBIO CHINO

Nada podría estar más lejos de la realidad. Dios tiene una fuente ilimitada de energía. Y el universo no es lo que limita lo que podamos recibir; lo son nuestras creencias. Como enseñó el maestro taoísta Chuang Tzu: «El hombre sabio conoce el camino de lo que los antiguos llamaban la Tesorería Celestial… Puede depositar en ella sin que se llene; puede extraer de ella sin que se agote».

Jesús, adaptando una perspectiva muy oriental al respecto, dijo: «Mirad las aves del cielo, que no siembran, ni siegan, ni recogen en graneros;

y vuestro Padre celestial las alimenta. ¿No valéis vosotros mucho más que ellas?... Y por el vestido, ¿por qué os afanáis? Considerad los lirios del campo, cómo crecen: no trabajan ni hilan... Y si la hierba del campo que hoy es, y mañana se echa en el horno, Dios la viste así, ¿no hará mucho más a vosotros?».[15]

Ejercicios espirituales ──────

▪ **Dáselo a un poder superior.** ¿Te preocupa algo del pasado o del futuro, algo que deberías haber dejado atrás hace mucho tiempo?

Si te parece que piensas mucho en el pasado o que te preocupa mucho el futuro, trata de repetir esta afirmación o una adaptación que hagas de ella, así como las «Afirmaciones para la paz» de la siguiente página:

> *Amada Presencia YO SOY,* * *amado/a*
> [inserta el nombre de un santo, maestro o ángel con
> quien estés trabajando]*, asume el control sobre*
> *toda esta situación. ¡Nada me afectará!*

──────

*Tu Presencia YO SOY es la presencia personal de Dios que está contigo.

Afirmaciones para la paz

Acepto el don de la paz en mi corazón.
Acepto el don de la paz en mi alma.
Acepto el don de la paz en mi mente
  y en mis emociones.

A todo lo que quiera tentarme a que me aparte
  de mi centro de paz, digo:
Nada me afectará.
¡Paz, enmudece! ¡Paz, enmudece!
  ¡Paz, enmudece!

YO SOY la suave lluvia de la paz.
YO SOY un siervo de la paz.
YO SOY quien está sellado en el corazón de la paz.
¡Que el mundo viva
  en un aura de la paz de Dios!

▨   **Invoca la ley del perdón.** Cuando hagas algo de lo que después te arrepientas, llama a Dios y dile: «*Me doy cuenta de que he herido a otra parte de la vida. Invoco la ley del perdón de tu corazón, oh Dios, por todo aquello que haya hecho que no fuera bondadoso, respetuoso, honorable, especialmente* _____».

Promete enmendar las cosas con las personas a las que has herido de alguna forma. Después ofrece la siguiente afirmación mientras envías amor y perdón a todos aquellos con quienes hayas sido injusto alguna vez y a todos aquellos que alguna vez hayan sido injustos contigo, poniendo las situaciones en manos de Dios.

Decreto para el perdón

YO SOY el perdón aquí actuando,
desechando las dudas y los temores,
la victoria cósmica despliega sus alas
liberando por siempre a todos los hombres.

YO SOY quien invoca con pleno poder
en todo momento la ley del perdón;
a toda la vida y en todo lugar
inundo con la gracia del perdón.

8 Utiliza energía espiritual para transformar tu pasado

Si abrimos una disputa entre el pasado
y el presente, descubriremos
haber perdido el futuro.

WINSTON CHURCHILL

Dejar atrás el pasado es el trabajo interior de nuestra alma. Es un trabajo profundo y a veces duro, porque nuestra alma sabe en su interior que para dar forma al futuro que queremos, también debemos responsabilizarnos del pasado.

Lo que hacemos siempre vuelve a nosotros en algún momento, en algún lugar. Esta es una ley ineludible del universo. En Oriente se la conoce como la ley del karma.

Karma es una palabra sánscrita que significa «acto», «acción», «palabra» u «obra». El karma, tanto positivo como negativo, es el efecto de causas que hemos puesto en movimiento en el pasado, hace diez minutos o hace diez encarnaciones. Karma son las consecuencias de nuestros pensamientos, nuestras palabras y nuestras obras.

Todos nos hemos criado en torno las lecciones del karma. Simplemente no lo llamábamos así. En cambio, oíamos decir: *El que las hace las paga. Lo que el hombre siembra, eso cosechará. Cada acción tiene una reacción igual y opuesta. Y al final, el amor que recibes es igual al que das...*

A cada momento la energía de Dios fluye hacia nosotros; y a cada momento decidimos si a esa energía le ponemos un matiz positivo o negativo. Debido a la ley del círculo, la ley del karma, esa energía nos regresará. La energía que tiene un sello negativo nuestro, por haberla utilizado para hacer daño en vez de para ayudar a los demás, también vuelve a su origen, esta vez buscando una resolución. Nos vuelve como oportunidad para corregir las cosas.

Cuando no transformamos esa energía que nos regresa en algo positivo, la energía no desaparece. Por ejemplo, tenemos el libre albedrío de cualificar la energía de Dios como amor o como odio. Si la cualificamos como odio, esa energía permanecerá con nosotros como parte de nuestra conciencia hasta que la transmutemos en amor.

El karma negativo puede manifestarse como muchas cosas, desde costumbres enraizadas que nos impiden llevarnos bien con otras personas hasta enfermedades o accidentes. Los grupos de personas pueden crear «karma de grupo» negativo cuando, por ejemplo, contribuyen a contaminar o a perseguir; y tales personas serán conjuntamente responsables por el daño que puedan provocar a otras partes de la vida.

Otra manera de entender cómo afectan nuestras acciones del pasado a nuestra vida del presente es desde la perspectiva de la acumulación de karma negativo como una energía que bloquea. Los maestros del antiguo arte oriental del Feng Shui enseñan que el desorden en nuestro entorno físico impide el flujo de la energía (o *chi*) en torno a nosotros. Ellos dicen que ese flujo de energía (o una falta de flujo) afecta muy poderosamente a nuestra salud, nuestras finanzas, nuestras relaciones, el propio discurrir de la vida.

De manera exactamente igual, el «desorden kármico» puede generar bloqueos en el flujo de la energía de una forma sutil y energética *dentro* de nosotros. Estos bloqueos afectan a nuestro bienestar físico y emocional, nuestro progreso espiritual, incluso la clase de acontecimientos y personas que aparezcan y desaparezcan de nuestra vida. Cuando la energía fluye con libertad, nos sentimos en paz, sanos y creativos. Cuando está bloqueada, no nos sentimos tan ligeros, sanos, dinámicos y espirituales como pudiéramos.

Aunque en realidad no podemos cambiar lo que ha ocurrido en el pasado, sí podemos liberarnos, a nosotros y a los demás, de la carga de nuestro errores. Lo podemos lograr compensando a quienes hayan sufrido por culpa nuestra y sirviendo a otros en nuestra comunidad. También podemos acelerar el proceso de limpieza kármica con ciertas técnicas espirituales.

Los textos sagrados de Oriente y Occidente nos dicen que podemos utilizar plegarias, mantras y cantos sagrados para purificar nuestros «pecados» (karma negativo), para limpiar el registro; en efecto, para transformar el pasado. Como lo expresa un texto hindú: «La Inteligencia Suprema danza en el alma… con el fin de eliminar nuestros pecados. Así, nuestro Padre disipa la oscuridad de la ilusión, quema el hilo de karma, pisotea el mal, derrama gracia». «Aunque vuestros pecados fueren rojos como el carmesí —pronunció el profeta Isaías— vendrán a ser como blanca lana».

Esencialmente, las oraciones y prácticas que transmiten las religiones del mundo son fórmulas sagradas que invocan la luz del Espíritu Santo para el perdón y la purificación. En algunas tradiciones espirituales, esta potente energía transmutadora del Espíritu Santo se ha observado como una luz violeta, conocida como la llama violeta.

Tal como la luz de un rayo de sol, al pasar por un prisma, se refracta en siete colores iridiscentes, la luz espiritual se manifiesta como siete rayos o llamas. Cuando invocamos estas llamas espirituales con nuestros rezos y meditaciones, cada llama crea una acción específica en nuestro cuerpo, mente y alma. La llama violeta es el color y la frecuencia de la luz espiritual que estimula la misericordia, el perdón y la transmutación.

«Transmutar» significa alterar, transformar

algo en una forma superior. El término era utilizado hace siglos por los alquimistas que intentaron transmutar, a nivel físico, los metales base en oro; y, a un nivel espiritual, lograr una transformación y la vida eterna.

Eso es precisamente lo que puede hacer la llama violeta. Esta llama es una energía espiritual de alta frecuencia que separa los elementos «ordinarios» de nuestro karma del oro de nuestro verdadero yo para que podamos alcanzar nuestro potencial más alto. La llama violeta actúa a niveles energéticos para limpiar el karma personal y de grupo y para aumentar el equilibrio y el flujo de energía en todo nuestro mundo.

> *Los hombres que viven en el mundo hoy día suponen que la historia escrita… no puede cambiarse. No han contado con la llama violeta transmutadora.*
>
> EL MORYA

Edgar Cayce, renombrado vidente del siglo xx, reconoció el poder curativo de la luz violeta. En más de novecientas lecturas recomendó un aparato eléctrico, una máquina de «rayo violeta» que emite una carga eléctrica violeta, para tratar varias dolencias como el agotamiento, la apatía, la mala circulación, los problemas digestivos y los desórdenes nerviosos.

¿Por qué la llama violeta es un instrumento tan poderoso? En nuestro mundo físico, la luz violeta tiene la frecuencia más alta del espectro visible. Fritjof Capra, en *El tao de la física,* explica que «la luz violeta tiene una frecuencia alta y una longitud de onda baja, y, por tanto, consiste en fotones de gran energía y un gran impulso».[16] Entre todas las llamas espirituales, la llama violeta posee la acción vibratoria más cercana a los elementos y compuestos químicos de nuestro universo físico; y, por tanto, tiene la mayor capacidad de penetrar en la materia y transformarla a niveles atómicos y subatómicos.

El motivo por el cual la llama violeta puede «cambiar» el pasado, por así decirlo, es que a niveles energéticos disuelve el registro de nuestras acciones pasadas, así como el karma negativo que podamos haber creado al llevar a cabo tales acciones. Este karma, por la ley del círculo, da forma a nuestro futuro. Por consiguiente, si podemos transmutar nuestras creaciones del pasado, podremos crear un mañana mejor.

Dannion Brinkley, autor de *Salvado por la luz,* dice que durante sus experiencias cercanas a la muerte vio y sintió la llama violeta. Dannion dice que después de «morir», un ser de luz lo condujo a una ciudad de catedrales de cristal, que en realidad eran salones para el aprendizaje. «Cada ciudad de cristal tiene la llama violeta, así como las llamas espirituales», nos dice Dannion. «Pero la llama violeta es la llama más importante. La llama violeta es el lugar más puro del amor. Es lo que te da poder de verdad».

> *La grandeza de la llama violeta es que no produce calor; produce amor.*
>
> DANNION BRINKLEY

Dannion también ha explicado que la llama violeta es «una luz que sirve a todas tradiciones espirituales, que concede respeto y dignidad a todas las cosas. Nos da una forma de conectarnos mutuamente».[17]

Tú puedes aplicar la llama violeta a tu espiritualidad todos los días utilizando las oraciones y los decretos que nos han dado los maestros.[18] La llama violeta permite que transmutes lo negativo y aproveches al máximo lo positivo; y puede facilitar la sanación de cuerpo, mente y alma.*

Cada mañana un ángel nos trae el karma del día. Tan pronto como nos despertamos, ese paquete kármico nos espera para que le proporcionemos una resolución. Por eso es bueno recitar plegarias de llama violeta por la mañana, algo que puedes hacer durante el ritual matutino, mientras te duchas o incluso cuando te desplazas para ir al trabajo.

Aquellos de nosotros que utilizamos la llama violeta como parte de nuestras oraciones hemos descubierto que nos ayuda a corregir los patrones de conciencia, a eliminar el dolor interior y a equilibrar nuestra vida. La llama violeta crea una conciencia y una sintonización con nuestro yo interior que da creatividad y un sentimiento de estar vivos y sanos y en acción para el bien en la Tierra. Esto nos da una manera de ayudar a mitigar los estados negativos del mundo eliminado la causa kármica

---

*Téngase en cuenta que, aunque la llama violeta puede facilitar nuestra sanación en muchos aspectos, no tiene el propósito de sustituir a un diagnóstico médico ni utilizarse como sustituto a un tratamiento médico adecuado.

verdadera que es el núcleo de los problemas.[19]

Una mujer me escribió y me dijo: «Llevaba años hablando con psicólogos; ellos me ayudaron a ver las causas, pero ¿cómo cambiar?». Esta mujer empezó a trabajar con las oraciones de llama violeta todos los días y dijo que la llama violeta penetró en el profundo resentimiento que sentía y lo disolvió. «A través de la llama violeta —dijo— he salido sana, con vigor y agradecida».

Otra persona dijo: «Solía pensar que no había nada que hacer para cambiar el estado del mundo, ya que yo era una persona solamente. Sin embargo, me preocupaba muchísimo. La llama violeta me solucionó ese problema, puesto que sí podía hacer algo, que era realizar un trabajo espiritual por los problemas del mundo. Así pude enfrentarme a los problemas del medioambiente».

He visto a miles de personas trabajar con éxito con la llama violeta. La cantidad de tiempo necesaria para poder ver los resultados varía según la persona. Pero si eres constante, empezarás a sentir la diferencia.

Ejercicios espirituales ————

▨ **Crea tú mismo las afirmaciones.** Si deseas experimentar con la llama violeta, puedes comenzar con esta sencilla afirmación, la cual debe repetirse una y otra vez como un mantra que cante en tu corazón:

> *¡YO SOY un ser de fuego violeta,*
> *YO SOY la pureza que Dios desea!*

También puedes crear tú mismo variaciones sobre este tema, allá donde te parezca necesario, como esta:

> *¡Mi corazón está vivo con fuego violeta,*
> *mi corazón es la pureza que Dios desea!*

> *¡Mi familia está envuelta en fuego violeta,*
> *mi familia es la pureza que Dios desea!*

> *¡La Tierra es un planeta de fuego violeta,*
> *la Tierra es la pureza que Dios desea!*

▨ **Energiza el corazón, la cabeza y la mano.** Este grupo de decretos a continuación (página 107) sirve como ayuda para purificar y energizar los tres aspectos principales de nuestra espiritualidad práctica: corazón, cabeza y mano.

Empezaremos con el corazón porque es el eje de la vida, física y espiritualmente. El corazón es el lugar donde comulgamos con Dios; es el centro desde el que enviamos nuestro amor para alimentar a la humanidad.

Con el mantra del «Corazón» invocamos el poder transmutador de la llama violeta para disolver los sentimientos negativos y el karma que bloquea el flujo de energía a través de nuestro corazón. Este mantra nos ayuda a desarrollar las cualidades del corazón. Nos ayuda a abrirnos más, a volvernos más sensibles y compasivos con respecto a la grave situación de tantas personas que necesitan nuestro amor y nuestras oraciones.

Nuestra cabeza es el cáliz donde recibimos los pensamientos creativos de Dios y de nuestro Yo Superior. El mantra de la «Cabeza» limpia las facultades físicas y espirituales de la mente para que podamos pensar y comunicarnos con más claridad. Esto nos ayuda a fortalecer nuestras facultades intuitivas y a desarrollar una percepción más intensa de las dimensiones espirituales.

Nuestras manos representan la manera en la que ponemos en práctica nuestra espiritualidad. La mano simboliza el poder de Dios para que las cosas se manifiesten: a través de nuestra profesión, nuestro servicio a la vida, las cosas grandes y pequeñas que hacemos por otras personas cada día. A través de nuestras manos podemos transferir una cantidad enorme de energía y sanación. En el mantra de la «Mano» afirmamos que cuando trabajamos de la mano con Dios, nada será imposible.

Visualización:

A medida que recitas el mantra del «Corazón», visualiza la llama violeta dentro de tu corazón como una luz violeta pulsante que te ablanda el corazón, transformando la ira en compasión, la amargura en dulzura, la ansiedad en paz.

Al recitar el mantra de la «Cabeza», ve cómo la llama violeta salta desde tu corazón y penetra en tu cabeza para eliminar en tu mente todos los bloqueos mentales, la imágenes negativas y los conceptos limitadores sobre ti mismo y sobre los demás. Ve cómo tu mente se llena de la luz resplandeciente de Dios.

A medida que recitas el mantra de la «Mano», visualiza la llama violeta disolviendo la causa, el efecto, el registro y la memoria de las cosas en las que tuviste algo que ver y que deseas no haber hecho. Puedes recitar esta sección a continuación tres veces o tantas como desees.

Corazón

¡Fuego violeta, divino amor,
arde en este, mi corazón!
Misericordia verdadera tú eres siempre,
mantenme en armonía contigo eternamente.

Cabeza

YO SOY luz, tú, Cristo en mí,
libera mi mente ahora y por siempre;
fuego violeta brilla aquí,
en lo profundo de esta, mi mente.

Dios que me das el pan de cada día,
con fuego violeta mi cabeza llena.
Que tu bello resplandor celestial
haga de mi mente una mente de luz.

Mano

YO SOY la mano de Dios en acción,
logrando la victoria cada día;
para mi alma pura es una gran satisfacción
seguir el sendero de la Vía Media.

9

Utiliza cada encuentro y circunstancia como una oportunidad para crecer

Aprendo yendo a donde debo ir.

THEODORE ROETHKE

La vida es como un espejo. La gente y las circunstancias nos reflejan aquello que debemos afrontar. Cuando nos encontramos en una situación difícil o desagradable, nuestra reacción automática con frecuencia es quejarnos, salir corriendo o simplemente encerrarnos en nosotros mismos para no tener que afrontar las cosas. Existe otra alternativa: entrar por completo en la situación a fin de aprender de ella.

La razón de que esta alternativa sea tan eficaz es que acelera el proceso inevitable hacia la resolución. Aunque podamos huir de una situación, los problemas subyacentes no desaparecen; nos siguen a todas partes como el sabueso del cielo, quizá con otras apariencias, hasta que los afrontemos. Sin ese sabueso del cielo no podríamos crecer espiritualmente ni saldar nuestro karma.

En el universo no hay coincidencias. Aquello que llame a tu puerta (o estalle en tu despacho) trae consigo un mensaje. Y, aunque no lo creas, a veces nuestra alma lleva esperando mucho, mucho tiempo a que aparezcan esos mensajeros.

Esta vieja historia tibetana está llena de significado sobre nuestra propia vida. Un día un venerable monje budista se encontraba en el bosque, agachado sobre un contenedor grande en el que estaba tiñendo su túnica ocre. Un grupo de hombres en busca de un ternero perdido se toparon con el monje. Cuando vieron que lo que había en el contenedor tenía un color como de sangre, lo acusaron de robar y matar al ternero y lo obligaron a comparecer ante un tribunal amañado en la aldea de al lado. Después lo encadenaron y lo metieron en un hoyo en el suelo. A pesar de ello, el monje no dijo una sola palabra para defenderse, para disgusto de sus discípulos, que sabían que era vegetariano y nunca habría robado la vaca.

Unos días después, los aldeanos encontraron

el ternero y pidieron al jefe de la aldea que pusieran en libertad al monje. El jefe, no obstante, se entretuvo con unos asuntos urgentes y el monje permaneció en el hoyo durante meses. Al fin uno de sus discípulos logró una audiencia con el rey y le contó todo lo sucedido. Por temor a que la desgracia cayera sobre su reino, el rey ordenó que se pusiera en libertad al monje de inmediato y suplicó el perdón, y prometió castigar a los responsables.

El monje, sin embargo, imploró al rey para que no castigara a nadie. «Me tocaba a mí sufrir», admitió.

«¿Cómo es posible?», preguntó el soberano sorprendido.

El monje explicó que en una vida anterior había robado un ternero. Aunque escapó de sus perseguidores, lo abandonó cerca de un santo que meditaba en el bosque. La gente culpó al santo por el crimen y lo encadenó en un hoyo durante seis días. «Llevo esperando muchas vidas para expiar mi pecado y estoy agradecido de que tus súbditos me hayan dado la oportunidad de liberarme de este karma». Al terminar de contar su historia, se retiró al bosque para volver a sus prácticas espirituales.[20]

Muchas circunstancias en nuestra vida son así; la vida es un gran instructor. Como comentó una vez la psicoanalista Karen Horney: «Por fortuna el [psico]análisis no es la única manera de resolver los conflictos interiores. La vida misma sigue siendo un terapeuta eficaz». A menudo seguimos atrayendo la misma clase de personas y la misma clase de situaciones, hasta que aceptamos la oportunidad de saldar el karma y aprender la lección.

Aunque el mensajero fuera una hormiga, escúchala.

EL MORYA

Si tienes problemas sin resolver con tu padre o con tu madre, por ejemplo, seguirás atrayendo relaciones y personas que harán que surjan los mismos problemas. Si tenemos la tendencia a juzgar, probablemente seguiremos topándonos con personas que inciten nuestra crítica hasta que aprendamos a amar a todo el mundo y hasta que descubramos por qué tenemos necesidad de criticar. Porque el viejo dicho es cierto: No podemos cambiar a nadie; solo podemos cambiarnos a nosotros mismos. No podemos cambiar lo que nos oscure; solo podemos cambiar la forma en la que reaccionemos ante ello.

La vida es muy parecida a la película Groundhog Day.* Debemos continuar viviendo las mismas escenas una y otra vez hasta que finalmente acertamos a hacer bien la cosas. Todo es una lección diseñada para que nos ayude a lograr maestría sobre nosotros mismos y así aprobar nuestros exámenes y graduarnos de la escuela de la Tierra.

A veces las cosas que nos suceden, aunque parezcan catastróficas, son aquello que nos empuja a salir de lo conocido para explorar nuevos panoramas. El conocido ilustrador del siglo xx Norman Rockwell se encontró cara a cara con esta iniciación cuando, tras terminar su monumental obra como representación de las Cuatro Libertades, su estudio se incendió y se destruyó por completo. Lo perdió todo: sus antigüedades y sus obras de arte, su vestuario y recortes de periódico, sus pinturas y sus queridas pipas. Veintiocho años como pintor, viajero y coleccionista, destruidos.

Rockwell trató públicamente el incendio con

*Atrapado en el tiempo; El día de la marmota; Hechizo del tiempo. (N. del T.)

humor. Incluso publicó un boceto en el *Saturday Evening Post* que mostraba los detalles del incidente. Pero debió ser una experiencia devastadora. En el capítulo de su autobiografía titulado: «Resurjo de las cenizas», escribió: «Es como perder el brazo izquierdo, despertarte en medio de la noche e intentar alcanzar el vaso de agua y darte cuenta de inmediato de que no tienes nada con que hacerlo».[21]

El evento marcó un punto crítico para el artista. Rockwell decidió que de todos modos quería mudarse a una casa menos aislada. Encontró otra casa y empezó a construir un nuevo estudio. Algunos observadores dicen que sin su antiguo atrezo en que apoyarse, su obra también cambió. Más que nunca, se dedicó a pintar in situ para representar al mundo a su alrededor. La prueba de fuego llevó a Rockwell a superarse a sí mismo y provocó su siguiente salto para crecer como alma.

Ejercicios espirituales ───────

▩ **Hazte la pregunta obvia.** La próxima vez que te encuentres en una situación que preferirías evitar, pregúntate: *¿Qué puedo aprender de este encuentro? ¿Qué mensaje me está enviando Dios? En vez de salir corriendo, ¿qué puedo hacer para aportar una resolución?*

▩ **Busca los patrones y pregúntate a ti mismo:** *¿Qué circunstancias y qué tipo de personas me encuentro en mi vida constantemente, lo cual forma un patrón repetitivo?* (Por ejemplo, los empleos que encuentras siempre tienen a un director o compañeros de trabajo que te hacen sentir _____; ¿o te ves mezclado con amistades o relaciones en las que tus amigos o tu compañero/a te hacen sentir _____?)

¿Qué comportamiento positivo quiero desarrollar para poder liberarme de esos patrones? (Por ejemplo, generar un crecimiento del alma necesario para poder dar apoyo a tus directores en vez de criticarlos; ¿o ser honesto y defenderte? ¿Necesitas abrir el corazón; o necesitas poner límites que produzcan un efecto positivo?)

───────────────────────────

10 Practica la bondad con todos y contigo mismo

*Una palabra amable puede
calentar tres meses de frío.*

PROVERBIO JAPONÉS

Cuando un niño está aprendiendo a escribir y te enseña su primer y tosco intento, tú le dices que ha escrito unas letras maravillosas. No lo desestimas porque las curvas de la «s» no están bien. Halagas al niño, y la sonrisita que él te da es tu recompensa.

¿Qué pasaría si hicieras lo mismo con todo el mundo? ¿Qué pasaría si decidieras no fijarte en las imperfecciones de otras personas, sino amar y apoyar al alma que se está esforzando por llegar a ser plena? ¿Qué pasaría si trataras a cada persona tal como tratarías a un niño pequeño que acaba de enseñarte su primer dibujo de papá o su primer intento de escribir el alfabeto?

Cuando enviamos a los demás una señal positiva de lo maravillosos que son, aunque no lo estén exhibiendo en ese momento, estaremos apoyándolos mientras crecen dentro de esa matriz. Si, por otro lado, criticamos, condenamos o decimos chismes sobre los demás, estaremos reforzando los impulsos acumulados de su yo inferior en vez de acentuar las cosas positivas de su yo espiritual.

A mí me parece que lo mejor es no decir nada de nadie que no se lo dirías a la cara. Y de cada persona que te encuentres, encuentra lo mejor que puedas decir de ella y que además sea cierto. Y dilo. Si tienes que informar a la persona de algo que no está bien, intenta hacerlo de una manera que ayude y que no hiera, de forma constructiva y sin condenar.

Hay una historia jasídica que enseña esta lección. Un rabí muy reverenciado tenía la costumbre de invitar a sus amigos y estudiantes a su mesa para la comida del Sabbat. En una ocasión, un hombre tosco y mal vestido entró en la sala y se sentó. Los estudiantes del rabí lo miraron con desdén cuando el hombre se sacó del bolsillo un gran rábano.

El rabí permaneció aparentemente impasible ante los ruidos que el hombre hacía al masticar desde el otro extremo de la mesa. Finalmente, uno de los estudiantes, tratando de que el rabí no lo oyera, preguntó al visitante cómo es que tenía la cara dura de faltar al respeto durante la comida más reverenciada por el anfitrión. Justo entonces, el rabí comentó con indiferencia: «Me encantaría tener un buen rábano que comer».

El del rábano, con una gran sonrisa, tomó del bolsillo otro gran rábano, rojo y picante. El rabí halagó a su huésped por su generosidad y se dispuso a dar mordiscos al rábano con deleite[22].

El rabí entendió que criticar a su huésped no haría ningún bien; y, de hecho, no había nada por lo cual criticarlo. En cambio, el rabí buscó una cosa con la cual levantar la autoestima del hombre en ese momento. Este es uno de los dones más hermosos que podemos dar a las personas, *ayudar a que reconozcan en sí mismas qué tienen de especial.*

Cuando hablamos de bondad, hay una persona a la que no podemos excluir de ninguna manera: nosotros mismos. El Buda Gautama dijo una vez: «Puedes buscar por todo el mundo y no encontrar jamás a nadie que merezca el amor más que tú mismo».

Este es un concepto dificilísimo de aceptar para muchos de nosotros. Pero si piensas en tus orígenes, tu origen divino, no es difícil de aceptar en absoluto. Eres un hijo o una hija de Dios y Dios te ama igual que un padre y una madre aman a su hijo. Por tanto, si te condenas a ti mismo, en realidad, estás condenando a una parte de Dios. Piensa en esto la próxima vez que te critiques a ti mismo o a cualquiera.

> *La mejor parte de la vida de un buen hombre:sus pequeños, desconocidos, olvidados actos de bondad.*
>
> WILLIAM WORDSWORTH

Todos cometemos errores, pero es peligroso que te digas a ti mismo: «Bueno, puesto que hice esto y esto otro, no soy suficientemente bueno para que Dios o ni siquiera el ángel más pequeño me presten atención hoy».

Es bueno sentir que uno está haciendo lo que complace a Dios, pero recuerda que Dios te ama en primer lugar por quién eres, no por lo que haces. Darte cuenta de que Dios te ama no porque hayas logrado algo es un momento dulce y tierno. Dios te ama porque eres quién eres.

Cuando no logramos lo que debemos lograr, Dios no toma un látigo. Dios dice: «Levántate. Sacúdete el polvo. Aprende la lección. La próxima vez triunfarás, porque habrás reconocido los peligros y los tropiezos de ese sendero en particular».

La autocondenación es uno de los desafíos más grandes del sendero espiritual, lo cual puede dificultar gravemente nuestro crecimiento espiritual. Nosotros somos los únicos que podemos corregir esto. «Nadie —dijo Eleanor Roosevelt— puede hacer que te sientas inferior sin tu consentimiento».

Si no intentas superar las limitaciones que nosotros nos imponemos o que nos imponen otras personas, siempre encontraremos un techo, un techo que habremos creado por habernos convencido de que no somos capaces de subir más y que además no merecemos hacerlo.

Si creemos profundamente que no podemos tener éxito o que no merecemos tener una buena relación o un buen trabajo, nos estaremos saboteando a nosotros mismos. Por desgracia, algunas personas fracasan en todo lo que hacen a fin de demostrarse a sí mismas y a todo el mundo que no valen lo suficiente. Es un mecanismo subconsciente, fracasar como medio de castigarse a uno mismo, fracasar para demostrar a todo el mundo que uno es tan malo como uno mismo (u otras personas) lo afirman.

El avance solo puede llegar cuando miramos a nuestra parte espiritual. Las personas creen que ellas o que otras personas no valen lo suficiente porque miran la parte humana de la personalidad, las rarezas y las idiosincrasias que todos heredamos, y se decepcionan. Pero no se trata de perfeccionar la parte humana. Lo que debemos hacer es hacer madurar nuestra parte espiritual. Eso es lo que realmente importa.

Ejercicios espirituales

■ **Utiliza mensajes escritos.** Si tienes un problema de autoestima, prueba a hacerte un rótulo que diga: «*Dios me ama porque soy quien soy*». Pon el rótulo en el espejo del cuarto de baño o en alguna parte donde lo veas todos los días.

■ **Aprecia a los demás con sinceridad.** Para generar bondad, cuando veas que alguien se te acerca, hazte una imagen mental. Piensa en qué puedes decirle en el momento en el que llegue hasta donde estás, con todo el amor, y asegúrate de ser decirlo con sinceridad.

■ **Empieza un diario o archivo.** Cuando alguien te diga algo bueno, algo que sea una expresión de tu naturaleza superior, escríbelo. Y da gracias a Dios por dotarte de ese don especial y darte la oportunidad de compartirlo con alguna otra persona.

No siempre notamos o recordamos cuando el oro de nuestro verdadero yo sale a relucir. Escribir estas valiosas observaciones puede ayudarnos a ser amables con nosotros mismos en los momentos de desánimo.

Ejercicios espirituales ─────────

Oración del bálsamo de Galaad

Oh, amor de Dios, inmortal amor,
   envuelve a todos en tu rayo;
¡envía compasión desde las alturas
   para elevar a todos hoy!
¡En la plenitud de tu poder,
   derrama tus gloriosos rayos
sobre la Tierra y todo lo que en ella hay,
   donde la vida en sombra aparenta estar!
Que la Luz de Dios resplandezca
   para liberar a los hombres del dolor;
¡elévalos y revístelos, oh, Dios,
   con tu poderoso nombre YO SOY!

Dedica tiempo a la renovación física y espiritual

*Si os preguntan: «¿Cuál es la señal
de vuestro Padre en vosotros?», decidles:
«Es movimiento y reposo».*

EVANGELIO DE TOMÁS

La tensión creativa es lo que produce el movimiento dinámico que es la vida. En
la filosofía china, la interacción de los dos com-
ponentes básicos del universo, el yin y el yang
del taichí, crea todos los cambios en el universo.
Estas dos fuerzas —masculina y femenina, positiva y negativa— se oponen, pero se complementan
mutuamente. Fluyen constantemente.

Piensa en las experiencias que has tenido, en
las que fuiste impulsado a un nuevo escalafón, ya
se tratara de dar los primeros pasos, aprender a

montar en bicicleta o dominar un deporte o una destreza nueva. ¿No implicó siempre este avance una tensión creativa, un estirar los nervios? La tensión creativa produce lo mejor en nosotros. Nos impulsa a subir más alto. Sin ella no haríamos posible el nacimiento de una parte nueva y superior en nosotros mismos.

La tensión creativa conlleva tensar la cuerda del arco para que la flecha pueda volar rápida y lejos. No obstante, este proceso tiene fluctuaciones. Cuando la flecha sale disparada, se da un punto de liberación y relajación. En ese punto nos reagrupamos y nos preparamos para el siguiente desafío.

La forma sana de vivir con tensión creativa consiste en aprovechar los ciclos que se producen de forma natural para la renovación física y espiritual. Aun en un ciclo intenso, no olvides darte un tiempo para la renovación. Permite quince minutos para hacer algo que te reponga. Si no aprendemos a hacer esto, nuestro cuerpo nos obligará a ello.

Una amiga me dijo una vez que estaba

trabajando con alguien que se había sometido a una operación quirúrgica mese antes. Cuando mi amiga le preguntó cómo se sentía, la mujer bromeó: «Si no me recupero pronto, voy a empezar a planificar mi próxima operación». Por desgracia, eso no es una broma. Si no prestamos atención a nuestra necesidad de renovarnos, física y espiritualmente, a menudo nos obligamos a hacerlo, consciente o inconscientemente.

Puesto que nuestro cuerpo, nuestra mente y nuestro espíritu están interconectados, tener un cuerpo sano, de hecho, puede mejorar nuestra espiritualidad. El ejercicio aumenta el flujo de lo que conocemos como *prana,* la energía que da vitalidad a todo.

Prana en sánscrito significa «aliento» o «aliento de vida». Prana es la energía vital que lo vivifica todo y controla las actividades del cuerpo física, espiritual, mental y sensorialmente. Sin prana, la sangre no circularía, los órganos no funcionarían y el cerebro no haría su trabajo. De hecho, algunos partidarios del yoga creen que las enfermedades se deben a un desequilibrio pránico y que las enfermedades se pueden controlar cuando se recupera el adecuado flujo de prana.

Una falta de prana también puede influir en la mente y las emociones. Pruebas clínicas han demostrado que en los niños existe una relación entre una mala respiración y un bajo cociente intelectual. Y no es difícil entender que permanecer en una habitación poco ventilada durante demasiado tiempo puede producir mal humor, depresión o apatía en vez del optimismo producido por una carga energética de aire fresco y prana.

Se dice que el prana se absorbe con más facilidad en el cuerpo a través del aire. Al hacer ejercicio, especialmente al aire libre y a la luz del sol, cada vez que respiras inhalas aire cargado de esta fuerza dinámica.

El tiempo que empleemos haciendo ejercicio también puede servir para una renovación espiritual, así como física. Podemos utilizar ese período de tiempo para entrar en nuestro corazón, sintonizarnos con nuestro Yo Superior y enviar bendiciones a los necesitados. Mientras caminamos podemos ir recitando plegarias y afirmaciones.

Cuando me voy a caminar en las bellas montañas de Montana, me gusta respirar profundamente, comulgar con Dios y la naturaleza y ofrecer oraciones.

Ofrecer oraciones mientras se realiza un trabajo o una actividad física es una práctica antigua. El texto hindú llamado Shiva-Purana, por ejemplo, explica que el mantra a Shiva es eficaz «cuando lo repite una persona ya sea mientras camina, mientras está de pie o mientras realiza cualquier trabajo». Y la Madre Teresa nos dice: «El trabajo no impide la oración y la oración no impide el trabajo».

> *El cuerpo humano es solo vitalidad, energía y espíritu... Si quieres aprender el Gran Camino, debes valorar estos tres tesoros.*
>
> LÜ YEN

Además de los recesos para hacer ejercicio, períodos más largos de renovación espiritual y física son esenciales. La clave está en hacer pausas —ya sea haciendo un retiro de yoga o una larga caminata por la tarde en el bosque o al lado del mar— *antes* de llegar al límite, el punto en el que nos volvemos ineficaces por una falta de equilibrio.

Antes he mencionado el poder de la visualización para mejorar las prácticas espirituales. Lo que visualizamos puede tener tanto poder como lo que hacemos física y emocionalmente para alimentar nuestro cuerpo, nuestra mente y nuestra alma. Por ejemplo, podemos emplear el poder de nuestra visión interior para visualizarnos llenos de luz.

> *Imagina*
> *que eres luz.*
> CABALISTA DEL SIGLO XIII

Patanjali, el antiguo compilador del clásico Yoga Sutra, dio esta enseñanza: «La estabilidad interior se consigue contemplando una luz luminosa, sin tristeza, resplandeciente». Un cabalista del siglo XIII aconsejó esto: «Lo que uno implanta con firmeza en la mente se convierte en lo esencial. Por eso, si rezas y ofreces una bendición a Dios o si deseas que tu intención sea sincera, imagina que eres luz. A todo tu alrededor, en todos los rincones y por doquier, hay luz. Ve a la derecha y encontrarás luz; a tu izquierda, esplendor, una luz radiante. Entre ellas, arriba, la luz de la Presencia. A su alrededor, la luz de la vida… Esta luz es inconmensurable y no tiene fin».[23]

Ejercicios espirituales ────────

▧ **Evalúa las necesidades que tengas para renovarte.** Cuando tienes la oportunidad, ¿te das tiempo para renovarte antes de que llegue el siguiente ciclo de actividad?

¿Cuánto tiempo necesitas a la semana para renovarte física y espiritualmente a fin de mantener tu equilibrio y creatividad?

▧ **Utiliza al máximo el tiempo que tengas para renovarte espiritualmente.** He aquí algunos mantras sencillos que puedes repetir mientras haces ejercicio, mientras caminas, viajas en automóvil, cocinas o haces los recados.

¡YO SOY un ser de fuego violeta,
YO SOY la pureza que Dios desea!

¡Que Dios sea engrandecido!

¡YO SOY la resurrección y la vida
de cada célula y átomo de mi ser *
manifestadas ahora!

──────────

*Puedes sustituir la frase "cada célula y átomo de mi ser" con aquello que quieras energizar, como "mi salud", "mis riñones", "mi relación", "mi negocio", "mis finanzas".

──────────

▨ **Para recargarte espiritualmente, haz el ejercicio «YO SOY luz».** Para mejorar el flujo energético, siéntate cómodamente con los pies completamente sobre el suelo o con las piernas cruzadas en la postura del loto.

Visualización:

Visualiza tu chispa divina ardiendo en tu corazón. Ve como se expande en tu pecho como una bola brillante de fuego blanco.

Después ve cómo toda tu forma está sellada en una esfera de fuego blanco. Ve cómo la luz blanca fortalece primero tu cuerpo, después tus emociones, después tu mente. Si la mente divaga, recondúcela suavemente a la visualización de la luz blanca.

Cuando te sientas preparado, recita la siguiente afirmación, visualizando cómo la luz sale de tu corazón como miles de rayos de sol para levantar, energizar y sanar a todos los que necesiten la luz de tu corazón.

«YO SOY» va con mayúsculas porque cada vez que dices «YO SOY...», afirmas: «Dios en mí es...». Cualquier cosa que afirmes después de las palabra «YO SOY» se convertirá en realidad, porque la luz de Dios que fluye a través de ti obedecerá esa orden.

YO SOY luz

YO SOY luz, candente Luz,
luz radiante, luz intensificada.
Dios consume mis tinieblas,
transmutándolas en luz.

Hoy YO SOY un foco del Sol Central.
A través de mí fluye un río cristalino,
una fuente viviente de luz
que jamás podrá ser cualificada
por pensamientos y sentimientos humanos.
YO SOY una avanzada de lo Divino.
Las tinieblas que me han usado
   son consumidas
por el poderoso río de luz que YO SOY.

YO SOY, YO SOY, YO SOY luz;
yo vivo, yo vivo, yo vivo en la luz.
YO SOY la máxima dimensión de la luz;
YO SOY la más pura intención de la luz.
YO SOY luz, luz, luz
inundando el mundo doquiera que voy,
bendiciendo, fortaleciendo e impartiendo
el designio del reino del cielo.

12 Trabaja con un mentor espiritual

*La bendición del Gurú [instructor espiritual]
es lo más valioso en la vida.*

RAVI SHANKAR

Cuando queremos dominar un nuevo talento, buscamos a un experto en ese campo y nos hacemos estudiantes de tal persona. Nos hacemos aprendices de un preparador personal, alguien que ya ha recorrido ese camino y puede enseñarnos a evitar los obstáculos hacia la meta. Esto no es menos cierto en lo que respecta a nuestra vida espiritual, que conlleva sus rigores y desafíos, así como técnicas demostradas para navegar más fácilmente.

Muchos desestiman la necesidad de un mentor espiritual (instructor) con el «gracias, lo puedo hacer yo solo». Es cierto que todos debemos forjar nuestro propio camino y afrontar las pruebas que tengamos que afrontar en la senda de la vida. Pero también es cierto que los que ya han logrado las mismas metas espirituales a las que aspiramos nosotros, pueden facilitarnos mucho la escalada. Por eso la vida de los héroes y las heroínas de Oriente y Occidente siempre han sido objeto de las charlas ante la chimenea y la atracción de las películas populares. Nuestra alma quiere aprender de quienes ya han llegado a la meta.

Todos podemos servirnos de la ayuda de un entrenador personal que nos entrene para que nos pongamos espiritualmente en forma; y los mejores entrenadores que conozco son los Maestros Ascendidos. Ellos son mentores en el sentido más elevado de la palabra.

«Maestros Ascendidos» es un término para denominar a los santos y adeptos de Oriente y Occidente que han surgido de todas las culturas y religiones. Los llamamos Maestros *Ascendidos* porque han dominado las circunstancias de la vida, han vencido al ego humano, han cumplido el propósito de su vida, se han graduado de la escuela de la Tierra y han «ascendido»; es decir, se han acelerado en conciencia para unirse a Dios. En la religión occidental decimos que han entrado en el cielo; en términos orientales, que han logrado la iluminación o alcanzado el parinirvana.

Si hay una verdad espiritual firmemente arraigada en las tradiciones tanto de Oriente como de Occidente, es que existen dimensiones superiores de realidad «pobladas de seres espirituales», como escribió Mary Baker Eddy. «Los escalones espirituales para avanzar en el abundante universo de la Mente —dijo ella— conducen a las esferas espirituales y a los seres exaltados».[24] Cada uno de estos «seres exaltados» han dominado cierto atributo espiritual, que nos pueden enseñar por ser sumamente aptos al respecto, como la misericordia, la sabiduría, la compasión, la fe, el amor, la sanación, la caridad, el valor.

> *Engancha tu vagón a una estrella.*
> RALPH WALDO EMERSON

Estos avanzados seres espirituales nos instruyen y nos guían a niveles internos. Mientras aprendemos de muchos maestros a lo largo de la vida, los Maestros Ascendidos suponen una ayuda extraordinaria (en más de una forma) para patrocinarnos en nuestro campo de actividad. Su ímpetu espiritual incomparable nos puede ayudar a dominar el arte de la espiritualidad práctica y cumplir el plan divino de nuestra vida.

Un motivo importante por el que podemos beneficiarnos de un mentor espiritual es que no siempre nos vemos con precisión a nosotros mismos; no vemos nuestras debilidades o, si lo hacemos, no sabemos cómo superarlas.

Bodhidharma, fundador del budismo zen en China y el arte marcial del kung-fu, lo expresó así: «Cuando los mortales están vivos, se preocupan de la muerte. Cuando están llenos, se preocupan del hambre. Suya es la Gran Incertidumbre. Pero los sabios no consideran el pasado. Y no se preocupan del futuro. Tampoco se aferran al presente. Y a cada momento siguen el Camino. Si no habéis despertado hacia esta gran verdad, mejor será que busquéis un instructor en la tierra o en los cielos. No aumentéis vuestra imperfección».[25]

Los mentores espirituales nos ayudan a superar nuestros puntos flacos, pero también nos ayudan a desarrollar y aprovechar al máximo nuestros puntos fuertes. (¿Dónde estaría Luke Skywalker sin Obi-Wan Kenobi?) Ellos nos inspiran y guían para que lleguemos a ser todo lo que estamos destinados a ser.

Un instructor en el verdadero sentido de la palabra no solo quiere que alcances el logro que él posee, sino que lo superes. Un verdadero instructor es un facilitador que inspira al discípulo a escalar hasta la cima de su ser. Así es como algunos cristianos primitivos, conocidos como gnósticos,[26] veían a Jesús.

El Evangelio gnóstico de Felipe, por ejemplo, describe al seguidor de Jesús como alguien que sigue totalmente sus pasos y «ya no es cristiano, sino un Cristo». En el Evangelio de Tomás, Jesús dice: «El que bebe de mi boca llega a ser como soy yo»; y en el Libro Secreto de Santiago advierte: «Llegad a ser mejor que yo».

Incluso en los Evangelios del Nuevo Testamento Jesús dice: «Sed, pues, vosotros perfectos, como vuestro Padre que está en los cielos es perfecto» y «El que en mí cree, las obras que yo hago, él las hará también; y aún mayores hará, porque yo voy al Padre».[27]

Asimismo, un texto budista dice: «El Germen de la «Budeidad» existe en todo ser vivo. Por consiguiente, para siempre, todo lo que vive está dotado de la Esencia del Buda», el potencial de ser el Buda. El maestro zen Hakuin Zenji dijo con sencillez: «Todos los seres son Buda por naturaleza, como el hielo es agua por naturaleza».

Una vez le preguntaron a Confucio por el camino de la gente buena. Él contestó: «Sin seguir sus pasos no se logra acceder a su morada».

Por supuesto que el final del ejercicio no es simplemente lograr una maestría espiritual, la paz y la iluminación para nosotros mismos. Como una vez dijo Mark Prophet: «La maestría espiritual significa que tú eres maestro de ti mismo, antes que nada, y después que eres capaz de ayudar a otras personas porque tienes la capacidad de gestionarte y ayudarte a ti mismo. Si no puedes ocuparte de tu propia casa y ponerla en orden, ¿cómo podrás ayudar a otras personas a hacer lo propio?».

¿Cómo encontrar a un Maestro Ascendido

como mentor y cómo crear una relación de trabajo con él? ¿Existe un santo o un maestro del que te sientas cerca? Empieza por ahí.

El libro Los *Señores de los Siete Rayos*[28] ha sido un buen punto de partida para mucha gente a la hora de aprender sobre la vida de siete maestros que están muy cerca de las almas de la Tierra. Estos siete maestros se han ofrecido a ser mentores de nuestra alma, a entrenarnos a cada uno de nosotros en lo que necesitemos personalmente para acelerar en la maestría sobre nosotros mismos y en nuestra espiritualidad práctica.

Ejercicios espirituales —————

▨ **Camina y habla con tu mentor ascendido.** Escoge como mentor espiritual a un Maestro Ascendido del que te sientas cerca o al que admires, como Jesús, San Francisco, Confucio, Shiva, Gautama Buda, Kuan Yin, María, Saint Germain. Empieza estudiando su vida. Pregúntate: ¿Cuál fue la virtud principal, la cualidad espiritual especial que este maestro desarrolló? ¿Cómo afrontó los desafíos de la vida?

Aún más importante es que generes un lazo de corazón con ese maestro. Habla con él o con ella como lo harías con un amigo. Dile cuándo necesitas ayuda.

Camina y habla con ese maestro a lo largo del día. En cualquier situación dada, pregúntale: «¿Qué harías tú ahora?

No dejes de llamar a la puerta de ese maestro hasta que obtengas una respuesta. Esa respuesta puede llegar como una indicación en tu interior o un sentimiento, como una señal externa reflejada en los acontecimientos o a través de las palabras de alguien, un «mensajero» que entre en tu mundo.

◼ **Estudia el tipo especial de espiritualidad práctica de tu maestro.** Repasa cada una de las claves de la espiritualidad práctica que has leído en este libro y pregúntate cómo ha ejemplificado tu maestro o maestros estas claves:

1 *¿Cómo hicieron que la pasión de su alma se convirtiera en una misión?*

2 *¿Cuáles fueron sus prioridades en la vida?*

3 *¿Cómo se mantuvieron sintonizados con la voz interior de sabiduría y qué aprendieron de esa voz interior?*

4 *¿Qué los ayudó realizar una conexión espiritual cada día?*

5 *¿Qué técnicas utilizaron para traer la intercesión divina al mundo?*

6 *Cómo expresaron su naturaleza espiritual y qué obstáculos tuvieron que superar primero?*

7 *¿Cómo se mantuvieron concentrados en el presente?*

8 ¿Qué herramientas espirituales utilizaron para resolver su karma y fomentar su crecimiento espiritual?

9 ¿Cómo convirtieron cada encuentro y circunstancia en una oportunidad de crecimiento espiritual?

10 ¿Cómo expresaron su bondad hacia los demás? ¿Y hacia sí mismos?

11 ¿Cómo manejaron la tensión creativa y cómo se renovaron a sí mismos?

12 ¿Quiénes fueron sus mentores y qué lecciones aprendieron de ellos?

■ **Practica la autorreflexión.** Después de haber identificado las virtudes que ayudaron a tu maestro a atravesar los desafíos de la vida, pregúntate qué necesitas hacer para desarrollar esas virtudes.

Trata de poner en práctica sus técnicas mientras experimentas con lo que tu alma necesita para remontar el vuelo hacia las alturas.

NOTAS

1. Los gnósticos pertenecían a varias sectas cristianas que prosperaron en los primeros siglos del cristianismo. Sus enseñanzas fueron suprimidas más tarde por la Iglesia. Los gnósticos afirmaban poseer las enseñanzas secretas de Jesús, que fueron transmitidas por sus discípulos más íntimos. Algunos eruditos creen que algunas de las enseñanzas escritas de los gnósticos anteceden a los Evangelios del Nuevo Testamento y podrían representar con más exactitud las enseñanzas de Jesús.

2. Karma es la ley de causa y efecto, la ley del círculo. Karma son los efectos de las causas que hemos puesto en movimiento en el pasado. Véase 000

3. C. Norman Shealy y Caroline M. Myss, *The Creation of Health: The Emotional, Psychological, and Spiritual Responses That Promote Health and Healing (La creación de la salud: Las respuestas emocionales, psicológicas y espirituales que promueven la salud y la sanación)* (Walpole, N.H.: Stillpoint Publishing, 1988, 1993), pág. 10.

Cita inicial de la sección 3: de *Hua Hu Ching: The Unknown Teaching of Lao Tzu (Hua Hu Ching: Las enseñanzas de Lao Tzu)*, de Brian Walker (HarperSanFrancisco, 1994), pág. 36.

4. Adin Steinsaltz, *On Being Free (Sobre cómo ser libre)* (northvale, N.J.: Jason Aronson, 1995), págs. 235-36.

5. Swami Prabhavananda, trad. al inglés, *Narada's Way of Divine Love (Narada Bhakti Sutras) (El camino de Narada del amor divino)* (Madras: Sri Ramakrishna Math, 1971), comentario sobre el aforismo 5, págs. 30-31.

6. *Las Relaciones o Cuentas de Conciencia*, cap. 53, *Obras Completas*.

7. *Libro de la Vida de Santa Teresa de Ávila*, cap. 26.

8. La Gráfica de tu Yo Divino se describe en las páginas 000. Hay disponibles réplicas a color de la Gráfica de 6 x 9 pulgadas (15,24 x 22,86 cm) y pequeñas imágenes tamaño billetera de The Summit Lighthouse.

9. *Libro de la Vida* 8:5 y *Camino de Perfección* 26:9.

10. Como ayuda para que aproveches al máximo todos los momentos disponibles para el trabajo espiritual, Elizabeth Clare Prophet ha producido varios CDs de oraciones, afirmaciones y mantras

que pueden obtenerse llamando a 1-800-245-5445 o +1 (406) 848-9500.

11. Isaías 45:11; Job 22:27, 28.

12. Véase Elizabeth Clare Prophet, *Cómo trabajar con los ángeles,* publicado por Summit University Press Español.

13. Swami Prabhavananda, *Narada's Way of Divine Love (El camino del amor divino de Narada),* pág. 111.

14. Daniel Meacham, en William Safire y Leonard Safire, eds. y comps., *Words of Wisdom: More Good Advise (Más consejos buenos)* (New York: Simon and Schuster, 1989), pág. 274

15. Mateo 6:26, 28, 30.

16. Fritjof Capra, *The Tao of Physics (El tao de la física),* 2ª ed. (New York: Bantam Books, 1984), pág. 141.

17. Dannion Brinkley, citado en Elizabeth Clare Prophet con Patricia R. Spadaro y Murray L. Steinman, *Saint Germain's Prophecy for the New Millenium (La profecía de Saint Germain para el nuevo milenio)* (Gardiner, Mont.: Summit University Press, 1999), pág. 305.

18. Véase *Spiritual Techniques to Heal Body, Mind*

and Soul (Técnicas espirituales para sanar cuerpo, mente y alma), disponible en "CD on Demand" llamando a 1-800-245-5445 o +1 (406) 848-9500. En este CD, Elizabeth Clare Prophet habla del poder creativo del sonido y la llama violeta, y demuestra técnicas dinámicas que pueden utilizarse para transformar nuestra vida personal y proporcionar soluciones espirituales a los desafíos globales de la actualidad.

19. Véase *Saint Germain's Prophecy for the New Millenium (La profecía de Saint Germain para el nuevo milenio)*, publicado por Summit Unversity Press. La Sra. Prophet explora las profecías más interesantes de nuestra época y nos enseña a utilizar la llama violeta para dar equilibrio, armonía y una transformación positiva a nuestra vida, así como a mitigar los pronósticos negativos proféticos.

20. Véase Surya Das, *The Snow Lion's Turquoise Mane: Wisdom Tales from Tibet (La melena turquesa del león de las nieves: Historias de sabiduría del Tíbet)* (HarperSanFrancisco, 1992), págs. 68-69.

21. Norman Rockwell, *Norman Rockwell: My Adventures as an Illustrator (Norman Rockwell: Mis aventuras como ilustrador)* (Garden city, N.Y.: Doubleday & Company, 1960), pág. 351.

22. Véase Jack Kornfield y Christina Feldman, *Soul Food: Stories to Nourish the Spirit and the Heart (Alimento para el alma: Historias para alimentar el espíritu y el corazón)* (HarperSanfrancisco, 1996), pág. 134

23. Daniel C. Matt, *God and the Big Bang: Discovering Harmony between Science and Spirituality (Dios y el big bang: Descubrir la armonía entre ciencia y espirtualidad)* (Woodstock, Vt.: Jewish Lights Publishing, 1996), pág. 73.

24. Mary Baker Eddy, *Ciencia y salud con clave de las Escrituras* (Boston: First Church of Christ, Scientist, 1971), pág. 513.

25. Red Pine, trad., *The Zen Teaching of Bodhidharma (La enseñanza zen de Bodhidharma)* (San Francisco: North Point Press, 1989), pág. 75.

26. Véase nota 1.

27. Mateo 5:48; Juan 14:12.

28. Mark L. Prophet y Elizabeth Clare Prophet, *Señores de los Siete Rayos,* publicado por Summit University Press Español.

The Summit Lighthouse®
63 Summit Way
Gardiner, Montana 59030 USA

1-800-245-5445 / 406-848-9500

Se habla español.

TSLinfo@TSL.org
SummitLighthouse.org

Elizabeth Clare Prophet (1939–2009) fue pionera de la espiritualidad moderna y una conferencista y autora de renombre internacional. Sus libros están publicados en más de 30 idiomas y se han vendido millones de ejemplares online y en librerías de todo el mundo.

A lo largo de su vida, la Sra. Prophet recorrió el sendero del adepto espiritual, avanzando por las iniciaciones universales presentes en los místicos tanto de Oriente como de Occidente. Dio enseñanza sobre este sendero y describió sus experiencias para el provecho de todos los que deseen realizar un progreso espiritual.

Patricia Spadaro es una laureada autora de libros populares sobre crecimiento espiritual, espiritualidad práctica y las tradiciones del mundo. Su obra más reciente, *Honour Yourself: The Inner Art of Giving and Receiving (Reconócete a ti mismo: El arte interior de dar y recibir)*, es ganadora de dos premios. Sus libros se han publicado en más de veinte idiomas y están disponibles en todo el mundo. Patricia también es una exitosa mentora en el campo de la publicación de libros, escritora independiente y editora ejecutiva. Para saber más de ella y de su obra, visite www.PracticalSpirituality.info.

www.ingramcontent.com/pod-product-compliance
Lightning Source LLC
Chambersburg PA
CBHW052009090426
42741CB00008B/1619